护航成长：

高职学生管理理论与策略研究

王翔宇 ◎ 著

武汉理工大学出版社

·武汉·

内 容 提 要

学生管理是高职教育中不可或缺的环节，直接关系到学生的成长和发展。随着社会的不断发展和学生群体的不断变化，高职学生管理面临着越来越多的挑战。本书首先对学生管理的基础知识进行简要研究，接着分章节对高职院校学生的学习管理、人际交往管理、安全管理、就业管理等进行研究，以帮助高职院校学生及管理工作者更好地应对学生管理中出现的各种问题和挑战。本书论述严谨，条理清晰，内容丰富新颖，是一本值得学习研究的著作。

图书在版编目(CIP)数据

护航成长：高职学生管理理论与策略研究 / 王翔宇著. — 武汉：武汉理工大学出版社，2023.11
　　ISBN 978-7-5629-6967-9
　　Ⅰ.①护… Ⅱ.①王… Ⅲ.①高等职业教育—学生—学校管理—研究 Ⅳ.①G718.5

中国国家版本馆CIP数据核字（2023）第250170号

责任编辑：严　曾	
责任校对：吴正刚	排　版：米　乐

出版发行：武汉理工大学出版社
社　　址：武汉市洪山区珞狮路122号
邮　　编：430070
网　　址：http：//www.wutp.com.cn
经　　销：各地新华书店
印　　刷：北京亚吉飞数码科技有限公司
开　　本：170×240　1/16
印　　张：16
字　　数：287千字
版　　次：2024年5月第1版
印　　次：2024年5月第1次印刷
定　　价：92.00元

凡购本书，如有缺页、倒页、脱页等印装质量问题，请向出版社发行部调换。
本社购书热线电话：027-87391631　87664138　87523148

·版权所有，盗版必究·

前　言

百年大计，教育为本。要实现中华民族伟大复兴的宏伟目标，必须坚持实施科教兴国战略和人才强国战略，把教育摆在现代化建设优先发展的地位。高等职业教育作为高等教育的重要组成部分，近年来得到了快速发展。然而，随着高等职业教育的不断推进，高职院校的数量和规模不断扩大，学生人数也日益增多。与此同时，高职院校的教育教学、学生管理等方面的工作也面临着更多的挑战。在这种情况下，如何有效地管理学生成为一个重要的问题。

学生管理工作是高职院校的重要组成部分，涉及学生的学习、生活、健康等方面。随着社会的发展和科技的进步，学生管理工作的复杂性和专业化程度也不断提高。传统的学生管理模式已经不能适应新形势下的要求，需要借助更加专业、高效的管理理论和管理策略来指导实践。目前，关于高职学生管理的研究主要集中在实践经验的总结和零散的理论探讨上，缺乏系统化、理论化的研究。同时，对于高职学生管理的具体策略和方法也缺乏深入地探讨和研究。因此，有必要开展系统的理论研究和策略探讨，以推动高职学生管理工作的科学化和专业化。鉴于此，特撰写了本书。

本书共包括七章内容：第一章为高职学生管理概述，具体内容包括高职学生管理的内涵、原则、特点、方法以及意义；第二章至第七章分别对高职学生的适应管理理论与策略、高职学生的学习管理理论与策略、高职学生的人际交往管理理论与策略、高职学生的情绪管理理论与策略、高职学生安全管理的理论与策略以及高职学生就业管理的理论与策略进行了系统研究。总体来说，本书旨在系统地梳理和探讨高职学生管理的理论和实践问题，以期为高职教育工作者提供有益的参考和启示，推动高职学生管理工作的改进和创新，提升高职教育的质量和效益。

本书在撰写的过程中，参考了许多学生管理方面的相关著作，在此表示最诚挚的谢意！由于时间仓促，作者水平有限，错误和不当之处在所难免，恳请广大读者在使用中多提宝贵意见，以便本书的修改与完善。

作　者

2023年9月

目 录

第一章　高职学生管理概述　　1

第一节　高职学生管理的内涵　　1
第二节　高职学生管理的原则与特点　　14
第三节　高职学生管理的方法与意义　　20

第二章　高职学生的适应管理理论与策略研究　　27

第一节　适应概述　　27
第二节　高职学生容易出现的适应问题　　37
第三节　高职学生适应管理的策略　　45

第三章　高职学生的学习管理理论与策略研究　　55

第一节　学习概述　　55
第二节　高职学生容易出现的学习问题　　81
第三节　高职学生学习管理的策略　　93

第四章　高职学生的人际交往管理理论与策略研究　　105

第一节　人际交往概述　　105
第二节　高职学生容易出现的人际交往问题　　125
第三节　高职学生人际交往管理的策略　　129

第五章　高职学生的情绪管理理论与策略研究　　143

第一节　情绪概述　　143
第二节　高职学生容易出现的情绪问题　　160
第三节　高职学生情绪管理的策略　　167

第六章　高职学生安全管理的理论与策略研究　　181

第一节　安全管理概述　　181
第二节　高职学生容易出现的安全问题　　195
第三节　高职学生安全管理的策略　　197

第七章　高职学生就业管理的理论与策略研究　　215

第一节　就业概述　　215
第二节　高职学生就业管理的原则与意义　　229
第三节　高职学生就业管理的策略　　233

参考文献　　245

第一章　高职学生管理概述

高职学生管理是高职院校教育的重要组成部分，它直接关系到高职院校学生的身心健康和全面发展。随着时代的变迁和社会的发展，高职学生管理面临着新的机遇和挑战。在新形势下，如何加强和改进高职学生管理，更好地满足学生需求和关注点，成为高职院校教育需要解决的重要问题。

第一节　高职学生管理的内涵

一、高职学生管理的含义

高职学生管理是一门涉及多个学科的管理科学，其目的是通过科学、有计划、有组织的管理方式，达到高等学校的培养目标，为学生提供良好的学习和生活环境，同时促进学生全面发展。在高职学生管理中，需要涉及学生、教师、教育管理部门、后勤管理部门、财务管理部门等多个部门的协作，以及与家长、社会等各方面的沟通和协调。

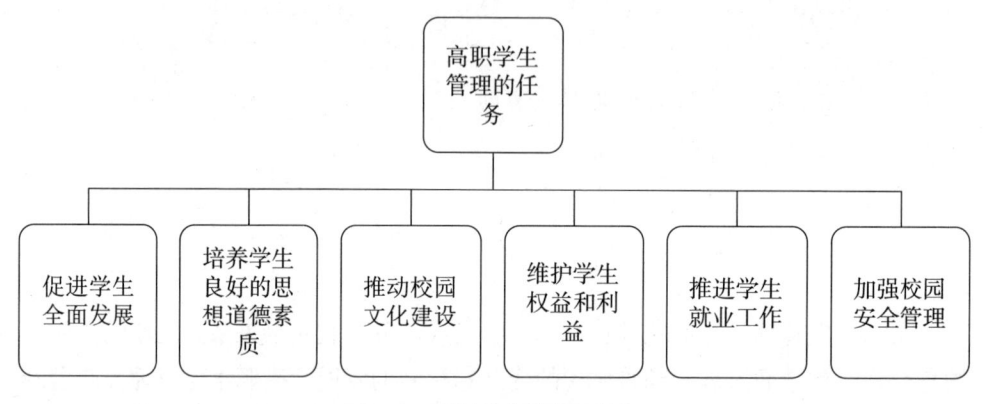

二、高职学生管理的任务

高职学生管理的任务，具体可分为以下几类（图1-1）。

图1-1 高职学生管理的任务

（一）促进学生全面发展

高职学生管理需要关注学生的全面发展，这是高职院校教育的重要目标。学生的全面发展，是指学生在学业、文化、艺术、体育等方面都能得到均衡的发展和提高。为了促进学生的全面发展，高职学生管理应该从以下几个方面入手。

1.提供多元化的活动选择

学生管理人员应该根据学生的兴趣和需求，组织各类活动，如文艺比赛、运动会、社会实践等，让学生在参与中锻炼自己的能力和素质。

2.提供丰富的课程选择

学生管理人员应该根据学生的需求和学科特色，开设各类课程，如文化课程、艺术课程、体育课程等，让学生在课程中学到知识和技能。

3.搭建全面的服务平台

学生管理人员应该提供全面的服务平台，如心理咨询、职业规划、考试辅导等，让学生在遇到问题和困难时能够得到及时有效的帮助和支持。

4.营造和谐的校园文化氛围

学生管理人员应该营造和谐的校园文化氛围，如鼓励学生积极参加社团活动、举办文化讲座等，让学生在文化熏陶中提高自己的素质和修养。

（二）培养学生良好的思想道德素质

高职学生管理的首要任务是培养学生良好的思想道德素质。思想道德素质是一个人最基本、最重要的素质之一，是学生全面发展的基础。学生只有具备了良好的思想道德素质，才能树立正确的世界观、人生观、价值观，具备良好的品德和诚信品质，成为优秀的人才。

在培养学生良好的思想道德素质方面，高职学生管理应该从以下几个方面入手。

1.强调品德教育

学生管理人员应该通过各种方式，如宣传教育、引导示范等，让学生明确道德规范，强化道德意识，树立道德观念，形成道德品质。

2.注重诚信教育

诚信是人的安身立命之本，是学生管理人员应特别强调的基本品质。学生管理人员应该通过建立信用制度等手段，引导学生树立诚信观念，培养诚信品质。

3.推动校园文化建设

校园文化对学生的思想道德素质影响深远。学生管理人员应该通过组织各种文化活动、宣传活动等方式，推动校园文化建设，营造良好的育人环境。

4.加强实践锻炼

实践是检验学生思想道德素质的重要标准。学生管理人员应该通过组织社会实践、志愿服务等方式，让学生在实践中领悟思想道德素质的重要性，培养良好的行为习惯。

（三）推动校园文化建设

高职学生管理需要积极推动校园文化建设，营造良好的校园文化氛围，这是高职院校教育的重要任务。校园文化是高职院校的灵魂和血脉，是高职院校发展的精神支柱和动力源泉，也是高职学生管理和服务的重要方面。具体来说，高职学生管理可以从以下几个方面推动校园文化建设。

1.积极组织各类文化活动

学生管理人员可以通过组织文化讲座、文艺比赛、展览、音乐会等形式，丰富学生的课余生活，增强他们的文化素养和审美能力。

2.推广和传承优秀文化

学生管理人员应该积极推广和传承中华优秀传统文化、社会主义核心价值观等，引导学生树立正确的文化观念，传承和弘扬中华文化的精髓。

3.加强校园环境文化建设

学生管理人员应该加强校园环境文化建设，打造优美的校园环境，如建设文化广场、花园、走廊等，让学生在优美的环境中受到文化的熏陶和滋养。

4.建立文化平台和交流机制

学生管理人员可以建立文化平台和交流机制，如文化社团、文化交流项目等，促进校内外文化的交流和融合，让学生在文化交流中拓宽视野、增强素养。

（四）维护学生权益和利益

高职学生管理需要保障学生的合法权益和利益，同时关注学生的心理健康和精神文化需求，这是高职院校教育的重要职责。具体来说，高职学生管理需要在以下几个方面加强工作。

第一，加强学费、住宿费、生活补贴等方面的管理，确保收费合理、费用收取透明公开，同时建立完善的学生资助体系，为家庭经济困难学生提供资助和生活补贴，保障他们的学习权益。

第二，关注学生的心理健康和精神文化需求，建立心理咨询中心和心理援助机制，为学生提供心理咨询服务，解决各种心理问题和困境，同时加强心理健康教育，培养学生健康的心理品质。

第三，加强学生会、社团等学生组织的管理和引导，推动学生自治和自我管理，发挥学生在管理过程中的作用，同时积极组织各类文化活动、社团活动等，满足学生在文化方面的需求。

第四，加强安全管理和应急处置管理，确保学生在校期间的人身安全和财产安全，同时建立健全的应急处置机制，应对各类突发事件和灾害。

（五）推进学生就业工作

高职学生管理需要关注学生的就业需求和发展，提供相关的就业指导和服务。通过开展各种形式的招聘会、讲座、职业规划课程等，帮助学生了解就业政策和就业市场情况，提高他们的就业竞争力。

（六）加强校园安全管理

高职学生管理需要保障学生的安全和健康，加强校园安全管理工作。通过制定相关的安全管理制度和措施，建立安全预警机制，增强师生的安全意识和防范能力。

三、高职学生管理的指导思想

高职学生管理的指导思想主要包括以下几方面（图1-2）。

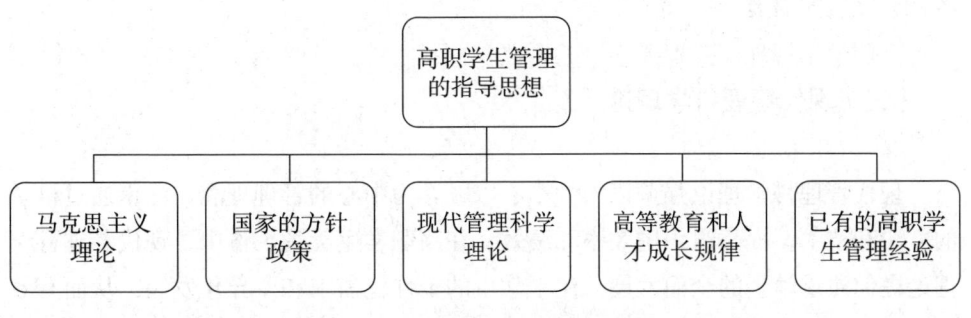

图1-2　高职学生管理的指导思想

（一）马克思主义理论

马克思主义理论在高职学生管理工作中的指导地位是不可动摇的。高职学生管理要以马克思主义理论为指导。马克思主义理论是我们党经过长期实践检验的正确理论体系，是中国共产党人的行动指南。高职学生管理工作要以马克思主义理论为指导，才能保证学生管理工作的正确方向。然而，目前我国各大高职院校在应用马克思理论思想指导教育管理工作时存在一些问题。这些问题包括对马克思主义理论的认识不够深入、应用不够科学、与实际结合不够紧密等。这些问题制约了马克思主义理论在高职学生管理工作中的作用和效果。因此，高职院校应提高马克思主义理论在教育管理工作中的应用水平，使其更好地服务于学生的成长成才。

（二）国家的方针政策

高职学生管理要以国家的方针政策为指导，这是由国家方针政策的性质和内容所决定的。国家的方针政策是国家对于教育、文化、科技、经济、社会等各个领域的发展方向、目标、任务和政策措施的总概括，具有全局性、长远性和指导性。高职学生管理要以国家的方针政策为指导，才能确保学生管理工作的方向正确、任务明确、措施得力，才能更好地适应国家经济社会发展的需要。

以教育方针为例，教育方针是国家对于教育事业的发展方向、目标、任务和政策措施的总概括，高职学生管理要以教育方针为指导，才能使学生管理工作更好地服务于教育目的，更好地符合教育任务，更好地遵循教育途径和方法。

此外，国家的方针政策也会随着时代的变化而不断调整和完善。高职学生管理要及时掌握国家的方针政策动态，使学生管理工作能够与时俱进，适应国家经济社会发展的需要。

（三）现代管理科学理论

现代管理科学理论强调以人为本、以顾客为中心的管理理念，注重通过科学的方法和技术，提高组织的效率和绩效。在高职学生管理工作中，现代管理科学理论提倡注重学生的全面发展，注重学生的个性化需求和差异化发展，从而有效促进学生的成长成才。

同时，现代管理科学理论也强调管理的科学化、规范化、标准化和精细化，注重运用现代信息技术和数据分析方法，提高管理效率和精准度。在高职学生管理工作中，现代管理科学理论的应用可以帮助管理人员更加科学、客观、全面地掌握学生的实际情况，对于管理工作的顺利开展和取得实效具有重要的意义。

总之，现代管理科学理论是高职学生管理的指导思想之一，对于高职学生管理工作具有重要的指导意义。高职院校应当充分认识和应用现代管理科学理论，从而更好地促进学生的全面发展。

（四）高等教育和人才成长规律

高等教育和人才成长规律是指在高等教育和人才成长过程中，学生的身心发展规律、教育教学规律、社会需求规律等。高职学生管理要以高等教育和人才成长规律为指导，才能使学生管理工作更好地符合学生的身心发展规律，更好地遵循教育教学规律。

以学生身心发展规律为例，学生身心发展规律是指学生在成长过程中，身心各方面发展的顺序性、阶段性、不平衡性等方面的规律。高职学生管理要以学生身心发展规律为指导，才能确保学生管理工作符合学生的身心发展规律，避免管理工作的过度干预或不作干预，从而保证学生身心健康发展。

以教育教学规律为例，教育教学规律是指教育教学过程中所涉及的诸多因素之间的关系和作用方式。高职学生管理要以教育教学规律为指导，才能使学生管理工作更好地符合教育教学规律，注重教育质量和效果，避免管理工作的盲目性和随意性。

以社会需求规律为例，社会需求规律是指社会对于人才的需求方向、需求数量、需求质量等方面的规律。高职学生管理要以社会需求规律为指导，才能使学生管理工作更好地符合社会需求规律，注重人才培养的质量和适应性，避免管理工作的滞后性和错位性。

总之，高等教育和人才成长规律是高职学生管理的指导思想，高职学生管理要以高等教育和人才成长规律为指导，才能使学生管理工作更加科学、规范、有效。

（五）已有的高职学生管理经验

以已有的高职学生管理经验为指导，能够有效推动高职学生管理工作的顺利开展并获得良好的成果。其原因包括以下几方面：

第一，经验丰富的管理者和工作人员已经总结出了许多行之有效的管理方法和经验，可以帮助高职院校在学生管理工作上少走弯路，快速适应工作岗位。

第二，已有的高职学生管理经验已经被广泛应用和证明是行之有效的，可以减少工作中不必要的错误和失误，提高工作效率和质量。

第三，参考已有的高职学生管理经验，可以为高职院校提供可供参考和学习的管理案例和成功经验，可以使高职院校在学生管理工作中获得更好的成绩和口碑。

四、高职学生管理的理念

教育理念是指导教育行为、实践的重要指针。不同的教育理念会培养出不同的人才，只有坚持正确的教育理念，才能够有效地开展教育管理工作，培养出符合社会需要的人才。概括来说，高职学生管理的理念主要包括以下几方面（图1-3）。

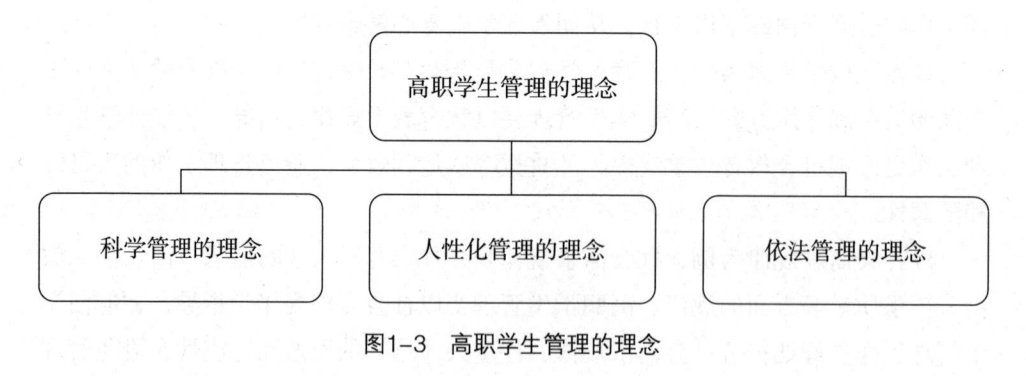

图1-3 高职学生管理的理念

（一）科学管理的理念

高职学生管理应该遵循科学管理的理念，这是由于科学管理的理念和实践可以有效地提高学生管理工作的效率和质量，促进学生全面发展。以下是一些高职学生管理应遵循的科学管理理念。

1.以学生为中心

高职学生管理应该以学生为中心,注重学生的需求和利益,尊重学生的个性和差异,为学生提供个性化、全方位的服务。

2.系统管理

高职学生管理应该遵循系统管理的理念,将学生管理工作视为一个系统,全面规划、统筹安排、科学管理,实现管理工作的高效率和高质量。

3.强调效率

高职学生管理应该强调效率,注重管理工作的效果和效益,追求管理工作的可持续发展。

4.依靠科技

高职学生管理应该依靠科技,利用现代信息技术和教育技术,建立数字化学生管理系统,提高管理工作的效率和质量。

5.服务育人

高职学生管理应该服务育人,注重学生的成长和发展,通过管理活动提高学生的综合素质和社会责任感,促进学生全面发展。

6.公平公正

高职学生管理应该遵循公平公正的原则,公正、公开、透明地处理各种问题和纠纷,保障每个学生的合法权益。

7.全员参与

高职学生管理应该强调全员参与,全校师生员工都应该参与学生管理工作中来,共同营造良好的校园文化和氛围。

(二)人性化管理的理念

高职学生管理应该遵循人性化管理的理念。以下是一些高职学生管理应遵循的人性化管理理念。

1.关注学生需求

高职学生管理应该关注学生的需求和利益，尊重学生的个性和差异，为学生提供个性化、全方位的服务。

2.激发学生潜能

高职学生管理应该激发学生的潜能，注重学生的自我发展和自我实现，为学生提供更多的机会和平台，激发学生的创新精神和创造力。

3.营造和谐氛围

高职学生管理应该营造和谐氛围，注重师生之间、学生之间的沟通和理解，增强学生的归属感和凝聚力，营造良好的校园文化和氛围。

4.引导学生自律

高职学生管理应该引导学生自律，注重培养学生的自我管理和自我教育能力，帮助学生树立正确的价值观和人生观，形成良好的自我约束和自我管理习惯。

5.重视心理健康

高职学生管理应该重视心理健康，关注学生的心理健康问题，为学生提供心理咨询和辅导服务，帮助学生克服心理困扰，促进学生身心健康发展。

6.实行奖惩并举

高职学生管理应该实行奖惩并举，对优秀的学生给予表彰和奖励，对违纪违规的学生给予批评教育和相应的惩罚，营造良好的校园文化和氛围。

7.尊重学生隐私

高职学生管理应该尊重学生隐私，保护学生的个人信息和隐私不受侵犯，为学生提供安全、舒适、稳定的校园环境。

（三）依法管理的理念

高职学生管理应该遵循依法管理的理念，以下是一些高职学生管理应遵循的依法管理理念。

1.宪法至上

高职学生管理应该遵循宪法至上的原则，尊重宪法的权威和尊严，遵守宪法所规定的各项义务和权利。

2.法律至上

高职学生管理应该遵循法律至上的原则，严格遵守国家法律法规和学校规章制度，依法保障学生的合法权益。

3.制度管理

高职学生管理应该遵循制度管理的原则，建立健全的管理制度和规章制度，规范管理行为，确保管理工作的规范化和科学化。

4.公开透明

高职学生管理应该遵循公开透明的原则，实行信息公开制度，保障学生的知情权和参与权，实现管理工作的公开、公正和透明。

5.民主参与

高职学生管理应该尊重学生的民主参与权利，鼓励学生参与管理工作，让学生成为管理工作的主体之一，实现管理工作的民主化和科学化。

6.社会责任

高职学生管理应该承担社会责任，关注学生的成长和发展，为学生提供符合社会需求和价值观的教育和支持，促进学生全面发展。

五、高职学生管理过程中要处理好的关系

（一）学生管理与规章制度的关系

学生管理与规章制度的关系是高职学生管理过程中的一个重要问题。学生管理工作的目的是维护学校的秩序和稳定，规范学生的行为，促进学生的全面发

展。而规章制度则是学校为了保障教学、科研、生活秩序而制定的一种规章制度和管理措施。两者之间的关系是相辅相成、相互补充的。

首先，学生管理应该遵循规章制度，但不能仅仅是简单的执行和遵守，而是要在规章制度的基础上，针对学生的特点和需求，灵活、弹性地开展管理工作，做到以人为本、以情为怀，让学生感受到学校的关怀和关注，增强学生的归属感和认同感。

其次，规章制度是学生管理工作的重要依据和保障，它可以明确学生的行为标准和奖惩措施，保障学校的管理措施得以有效落实。但是，规章制度也不应该过于死板和严苛，要注意方式方法，充分考虑学生的权益和尊重其个性和特点。

最后，学生管理和规章制度之间应该是相互协调、相互促进的关系，而不是相互对立和冲突的关系。学生管理工作应该与规章制度相辅相成、相互补充，共同构成一个完整的管理体系，为学生提供更好的教育和服务。

综上所述，高职学生管理过程中要处理好学生管理与规章制度的关系，坚持以人为本、以情为怀的原则，注重灵活性和弹性，做到管理与服务相结合，规章制度与人性化管理相结合，形成一个科学、规范、高效的管理体系，为学生提供更好的教育和服务。

（二）学生管理与思想政治教育的关系

首先，思想政治教育可以帮助学生树立正确的世界观、人生观和价值观，增强学生的社会责任感和使命感。

其次，学生管理和思想政治教育的目标是一致的，都是为了培养具有良好思想品德和文化素质的优秀人才。学生管理工作应该与思想政治教育相互配合，充分发挥思想政治教育的作用，学生管理工作也要关注学生的思想动态，预防和减少学生违法犯罪行为的发生。

最后，学生管理和思想政治教育的方法可以相互促进。学生管理工作可以借鉴思想政治教育的方法和手段，如开展各种形式的文化活动、心理健康教育等，丰富学生管理工作的方式和手段。同时，思想政治教育也可以借鉴学生管理工作的经验和方法，如开展学生自我管理和自我教育等。

六、高职学生管理的发展趋势

高职学生管理的发展趋势主要包括以下几方面（图1-4）。

图1-4 高职学生管理的发展趋势

（一）多元化

随着社会的多元化发展，高职学生的思想观念、价值观念和行为方式也越来越多元化。因此，高职学生管理工作也必须多元化，采用更加开放、包容的管理方式，尊重学生的个性和差异，促进学生的全面发展。

（二）网络化

随着互联网的普及，高职学生管理工作也逐渐网络化。学生可以通过各种在线平台，如微信公众号、班级微信群、网上校园等，获取学校最新的通知、资讯，参与学校的各种活动，与老师、同学进行交流。因此，高职学生管理工作也必须不断适应网络化的发展趋势，提高网络管理的效率和质量。

（三）个性化

随着教育的个性化趋势，高职学生管理工作也必须更加个性化。学校应该根据学生的不同需求和特点，采用个性化的管理方式，为学生提供更加贴近实际的服务，提高学生的满意度和归属感。

（四）数字化

随着信息技术的发展，高职学生管理工作也必须数字化。学校可以通过数字化技术，如大数据分析、人工智能等，提高学生管理工作的效率和质量，为学生提供更加便捷、智能的服务。

（五）合法化

随着法制建设的不断完善，高职学生管理工作也必须合法化。学校应该遵守国家法律法规，制定符合国家法律法规和学校实际情况的管理制度，保障学生的合法权益，维护学校的稳定和安全。

第二节　高职学生管理的原则与特点

一、高职学生管理的原则

为了有效地进行高职学生管理，必须遵循正确的管理原则。概括来说，高职学生管理的原则主要包括以下几方面（图1-5）。

图1-5　高职学生管理的原则

（一）系统性原则

高职学生管理应遵循系统性原则，指的是在学生管理过程中，应当从整体上构建学生管理的系统模型和综合模块，实现学生管理的整体优化和协调发展。具体来说，在高职学生管理中应做到以下几方面：

第一，高职学生管理应当从整体上构建学生管理的系统模型和综合模块，实现学生管理的整体优化和协调发展。

第二，高职学生管理应当注重各个环节和要素之间的相互联系和相互作用，实现学生管理的全面覆盖和全过程控制。

第三，高职学生管理应当关注学生的全面发展，注重培养学生的综合素质和能力，不仅仅是学习成绩的提高，还包括思想品德、文化素养、社会责任等方面的发展。

（二）理论与实际相结合原则

高职学生管理应遵循理论与实际相结合原则，必须做好以下几方面的工作：

1.学习和掌握相关理论知识

高职学生管理工作人员应当加强学习和掌握相关的学生管理理论知识，了解学生的身心特点、发展规律和需求，熟悉相关政策法规，提高自身的管理水平和综合素质。

2.实践与创新相结合

高职学生管理工作人员应当在实践中不断总结经验，创新工作方式和方法，将理论知识运用到实际工作中，提高管理工作的科学性和有效性。

3.与学生沟通交流

高职学生管理工作人员应当加强与学生的沟通交流，了解学生的诉求和反馈，及时解决问题，增强学生的信任和支持，提高管理工作的效果。

4.综合运用多种管理方法

高职学生管理工作人员应当运用多种管理方法，如思想政治教育、纪律处分、奖励激励等，综合运用到学生管理工作中，提高管理工作的效果和水平。

5.加强自身修养和职业道德建设

高职学生管理工作人员应当加强自身修养和职业道德建设，树立服务意识和责任意识，以身作则，做好学生管理工作。

（三）政治性原则

高职学生管理应遵循政治性原则，指的是在学生管理过程中，应当遵循一定的政治标准和规范，坚持正确的政治方向，服从党和国家的政治领导，维护国家和社会的稳定和发展。具体来说，高职学生管理中的政治性原则包括以下几个方面：

1.坚持社会主义道路

高职学生管理应当坚持社会主义的发展方向，遵循社会主义的政治、经济和文化政策，维护国家的统一和稳定。

2.坚持人民民主专政

高职学生管理应当坚持人民民主专政，尊重和保障人民的权利和利益，建立和完善社会主义的民主制度和法治体系。

3.坚持中国共产党的领导

高职学生管理是高校教育的重要组成部分，是高校人才培养的重要环节。高职学生管理的目的是培养符合国家和社会需要的高素质人才，促进学生的全面发展。因此，高职学生管理必须坚持中国共产党的领导，贯彻落实党的教育方针和政策，加强党对学生管理工作的领导和指导。

高职学生管理坚持中国共产党的领导，有利于加强党对学生管理工作的领导和指导，确保学生管理工作的正确方向；有利于发挥党组织的政治优势和组织优势，推动学生管理工作不断取得新的进展和成效。

（四）民主性原则

高职学生管理应遵循民主性原则，指的是在学生管理过程中，应当遵循民主、公开、公正的原则，民主性原则是高职学生管理工作必须遵循的重要原则，这是由高校的教育属性和培养任务所决定的。在高职学生管理中，民主性原则包括以下几个方面：

1.学生参与管理

高职学生管理应当尊重学生的主体地位，鼓励和引导学生参与学生管理活动，如学生会、班级管理等，让学生成为学生管理的主体，增强学生的参与感和责任感。

2.公开透明

高职学生管理应当坚持公开透明的原则，将学生管理的政策、措施、程序等信息及时公开，让学生了解相关政策和规定，增强学生的信任和支持，提高管理工作的效果。

3.民主决策

高职学生管理应当建立民主决策机制，听取学生代表的意见和建议，使决策更加科学和公正，增强学生的认同感和归属感。

4.保护学生权益

高职学生管理应当保护学生的权益，如制定规章制度时应当充分听取学生的意见和建议，保障学生的合法权益，增强学生的参与感和归属感。

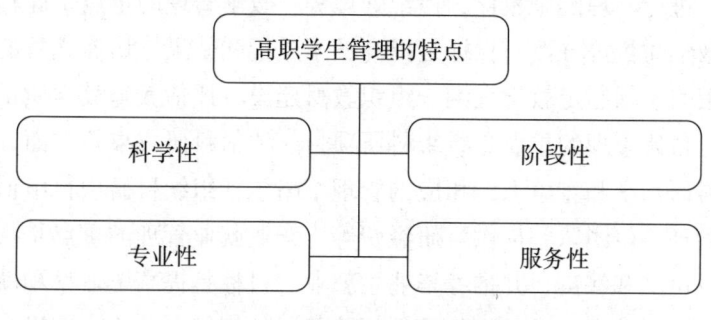

二、高职学生管理的特点

高职学生管理的特点主要包括以下几方面（图1-6）。

图1-6　高职学生管理的特点

（一）科学性

科学性是高职学生管理的重要特点。高职学生管理需要基于客观事实和科学规律，采用科学的方法和手段进行管理和决策。这主要体现在以下几方面：

第一，高职学生管理应该基于充分的数据和事实进行决策，避免主观臆断和经验主义。数据的收集、分析和利用应该遵循科学方法，确保决策的准确性和有效性。

第二，高职学生管理应该借鉴先进的管理理论和实践，如组织行为学、教育经济学、教育政策学等，结合实际情况进行应用和创新，提高管理水平和效率。

第三，高职学生管理应该建立科学评估机制，对教学质量、科研成果、社会服务等方面进行评估和监测，以客观反映学校的管理水平和办学效果，为改进管理和提高质量提供科学依据。

第四，高职学生管理应该加强科研和管理人员的培训，提高他们的专业素养和管理能力，使他们能够更好地运用科学方法进行管理和决策。

（二）阶段性

高职学生管理涉及学生从入学到毕业的整个过程，需要经过多个阶段的管理。例如，招生管理的重点是录取适合学校和专业的新生，目标是通过宣传、推广、选拔等方式，吸引优秀的学生报考学校，并确保录取学生的质量。相应的管理策略包括制定招生政策、宣传推广、组织面试、录取审核等。学生管理的重点是确保学生身心健康、遵守校规校纪、参与校园活动等方面，目标是营造良好的学习氛围和校园文化。相应的管理策略包括制定学生管理规定、组织校园活动、进行心理健康教育、违纪处理等。教学管理的重点是课程设置、教学计划、教学质量等方面，目标是提高教学质量和效果，培养优秀的人才。相应的管理策略包括制定教学大纲、组织教材建设、评估教师教学质量、改进教学方法等。科研管理的重点是组织科研项目、评估科研成果等方面，目标是提高学校的科研水平和竞争力。相应的管理策略包括组织科研项目申请、评估科研成果、管理科研团队、提供科研经费等。毕业就业管理的重点是帮助学生顺利完成毕业论文和答辩，并推荐毕业生就业。目标是提高毕业率和就业率，为学生的职业发展奠定基础。相应的管理策略包括组织毕业论文答辩、提供就业信息、推荐毕业生等。

在每个阶段的管理中，高职学生管理者需要制定相应的管理策略和措施，并确保管理的科学性、规范化和制度化，以提高管理水平和效率，实现高等教育的目标。

（三）专业性

高职学生管理需要专业的管理人员和队伍，他们需要具备相关的专业知识和技能，以及丰富的管理经验。

第一，高职学生管理人员需要具备相关的专业知识和技能，如管理学、教育学、心理学等。这些知识和技能可以帮助他们更好地理解学生的需求和管理要求，制定科学的管理策略和措施，提高管理水平和效率。

第二，高职学生管理人员需要具备丰富的管理经验，能够根据不同的情况和需求，灵活运用管理理论和方法，进行有效的管理和决策。

（四）服务性

高职学生管理的最终目的是学生的全面发展，为他们提供更好的服务。管理人员需要了解学生的需求和发展，包括他们的学习、生活、心理、职业等方面。管理人员可以通过多种途径获取学生的反馈，如问卷调查、个人交流、学生组织等，以便更好地理解学生的需求和问题。管理人员需要创造良好的学习和生活环境，让学生能够在舒适、安全、有意义的氛围中学习和生活。例如，可以提供丰富的课程和活动、良好的教学设施、安全的住宿环境等。高职学生管理应该提供个性化的服务，考虑学生的差异和特殊性。例如，对于学习困难的学生，可以提供辅导和指导；对于有特殊才能的学生，可以提供个性化的课程和培养计划。高职学生管理还应该关心学生的职业发展和未来发展，提供就业指导、职业规划、创业支持等服务。例如，可以组织职业规划讲座、招聘会、实习机会等，帮助学生了解职业市场和规划自己的未来发展。

第三节　高职学生管理的方法与意义

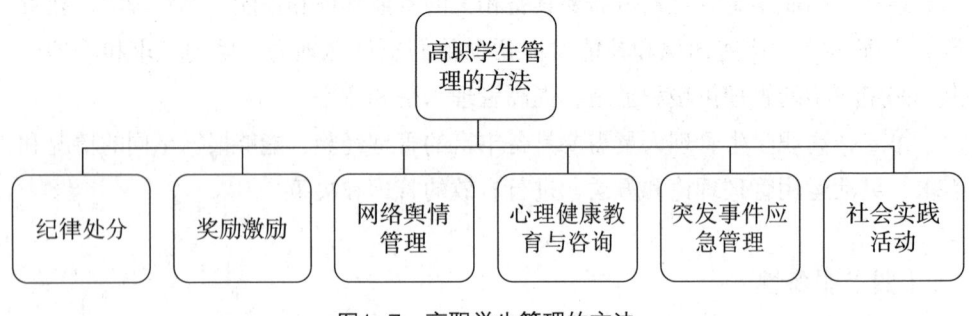

一、高职学生管理的方法

高职学生管理的具体方法有很多，可以根据不同的情况和需求进行选择和运用。以下是一些常见的高职学生管理的方法（图1-7）。

图1-7　高职学生管理的方法

（一）纪律处分

纪律处分是高职学生管理的必要手段之一，是对学生不良行为的惩戒和教育。在实施纪律处分时，应当注意以下几点：

第一，程序正当，权责明确。在实施纪律处分时，应当严格按照规定程序进行操作，确保程序正当、权责明确，避免出现误判、错判等情况。

第二，事实清楚，证据确凿。在进行纪律处分前，应当仔细调查和收集证据，确保所涉及的问题和事实清楚明确，证据确凿可靠，避免出现错误的处理。

第三，尊重学生权益，注重教育引导。在实施纪律处分时，应当尊重学生的权益和尊严，注重教育引导，对学生进行耐心细致的说服教育，帮助学生正确对待错误，认识到自己的不良行为所带来的后果，并引导其及时改正。

第四，公开透明，及时公示。在实施纪律处分时，应当公开透明，及时公示处分决定，让学生了解自己的违纪事实和处分决定，增强对处分决定的认同感和信任度，促进学校管理工作的健康发展。

总之，在实施纪律处分时，应当坚持公平、公正、公开的原则，严格按照规定程序进行操作，同时注重对学生的关心和帮助，引导学生正确对待错误，及时改正，切实维护学生的合法权益和尊严，推进学校管理工作的科学化和规范化。

（二）奖励激励

奖励激励是高职学生管理的有效方法之一，在实施奖励激励时，应当注意以下几点：

第一，公平、公正、公开。在设置奖励措施时，应当遵循公平、公正、公开的原则，对所有符合条件的学生一视同仁，不偏袒、不歧视，确保奖励措施的公正性和透明度。

第二，及时、适度。在设置奖励措施时，应当及时、适度，根据学生的表现和学校的实际情况，适时调整奖励措施，鼓励学生继续保持优秀表现，同时也避免过度奖励导致学生产生骄傲情绪。

第三，与学生表现相匹配。奖励措施应当与学生的表现相匹配，对于表现优秀的学生给予更高的奖励，对于表现较差的学生给予更轻的奖励，确保奖励措施的有效性和针对性。

第四，与学生的个人发展规划相结合。在设置奖励措施时，应当考虑学生的个人发展规划，为学生提供更多的发展机会和选择，使得奖励激励不仅仅是为了鼓励学生刻苦学习、积极进取，同时也为学生的未来发展提供更多的支持和帮助。

第五，与其他激励措施相结合。在实施奖励激励时，应当与其他激励措施相结合，如表现优秀学生可以获得更多的荣誉称号和资源支持，这样可以起到相互促进的作用，使得奖励激励的效果更加显著。

（三）网络舆情管理

在实施网络舆情管理时，应当注意以下几点：

第一，建立网络舆情监测机制。一定要高度重视大学生在网络上发表的言论和表达的观点，因为大学生是国之未来，他们的茁壮成长关系到国家的繁荣发展，关系到中华民族的伟大复兴。学校可以建立专门的网站，让大学生关注学校官方网站，通过多种渠道了解学生的所思所想，还可以让学生提出宝贵的意见和建议。学校也可以针对学生热衷于网络交流的特点，建立专门的论坛，让学生自由发言，看到学生有不良的苗头，及时把问题消灭在萌芽状态。学校还可以专门设立网络监管部门，由专门的人员负责监测大学生思想动态，及时发现问题，解决问题。

第二，加强网络信息管理。学校应当加强网络信息管理，建立健全的网络信息管理制度和规范，对学生在网络上发表的言论和表达的观点进行审核和管理，防止不良信息的传播和扩散。

第三，增强学生的网络素养。学校应当增强学生的网络素养，培养学生正确使用网络的能力和习惯，引导学生理性对待网络舆情，增强对网络信息的甄别和判断能力。

第四，引导学生正确使用网络。学校应当引导学生正确使用网络，教育学生遵守网络道德规范，不传播不良信息，不参与网络暴力和欺诈行为，保护自己的合法权益和安全稳定。

第五，加强与家长的沟通。学校应当加强与家长的沟通，了解学生在家庭生活中的情况和需求，引导家长关注并帮助学生解决在网络上出现的问题和困扰，形成家校合作的良好氛围。

（四）心理健康教育与咨询

心理健康教育与咨询是高职学生管理的重要内容之一，在实施心理健康教育与咨询时，应当注意以下几点：

第一，专业化、个性化。心理健康教育与咨询应当注重专业化、个性化，根据不同学生的心理问题和需求，提供相应的咨询和教育服务，帮助学生解决个性化的心理问题。

第二，全面覆盖，重点关注。在设置心理健康教育与咨询计划时，应当全面覆盖学生群体，尤其是关注心理健康问题较为突出的学生，给予更多的关注和帮助。

第三，积极引导，预防为主。在开展心理健康教育与咨询时，应当积极引导学生正确对待心理问题，预防心理问题的发生，而不是等到心理问题发生后才进行干预和处置。

第四，及时干预，避免扩大化。在发现学生存在心理问题时，应当及时进行干预和处置，避免问题扩大化和升级，同时也应当注意干预的方式和方法，确保学生的身心健康不受影响。

第五，家校合作，共同促进。在开展心理健康教育与咨询时，应当注重与家长的沟通和合作，共同促进学生的身心健康发展，形成家校合作的良好氛围。

（五）突发事件应急管理

可以通过制定应急预案、加强应急演练等方式，提高学生应对突发事件的能力和应急处置的水平。在实施突发事件应急管理时，应当注意以下几点：

第一，制定应急预案。学校制定应急预案非常必要，可以确保在突发事件中能够迅速、有序和有效地应对和处理。建立应急领导小组和工作小组，明确各自的职责和任务，形成高效的应急指挥和管理体系。对各个应急岗位和部门进行明确的职责分工，确保在应急响应过程中能够各司其职、各尽其责。明确应急物资、装备、人力和信息技术等资源的配置和管理要求，确保在应急响应中能够及时调配和共享资源。学校应当定期组织应急演练和培训，提高应急管理和应急处置的能力和水平，确保在突发事件发生时能够迅速、有效地进行应急处置。此外，还应针对不同类型突发事件制定相应的应急响应流程，明确处置措施、应急联动和信息报告等方面的要求。

第二，加强应急演练。学校应当加强应急演练，提高学生应对突发事件的能力和应急处置的水平。演练应当具有针对性和实效性，模拟真实的突发事件场景，让学生熟悉应急处置的流程和技能。

第三，提高学生的自救自护能力。学校应当把加强学生的自救自护教育作为一项重要的教学内容，通过开展知识讲座、技能培训和实战演练等活动，让学生掌握自救自护的知识和技能，提高安全意识和自我保护能力，确保在突发事件发生时能够正确、迅速地进行自救自护。

第四，保障学生的身心健康。在开展应急管理工作的过程中，学校应当关注学生的身心健康，及时疏导和解决学生在应急管理过程中出现的心理问题，确保学生的身心健康。

第五，加强信息公开和沟通。学校应当加强信息公开和沟通，及时公开突发事件的相关信息，回应学生和家长的关切，增强信息透明度和公信力，促进校园和谐稳定。

（六）社会实践活动

社会实践活动是高职学生管理的有效途径之一，在组织学生参加社会实践活动时，应当注意以下几点：

第一，明确目的和任务。在组织学生参加社会实践活动前，应当明确活动的目的和任务，使学生能够充分了解活动的内容和要求，做好相应的准备工作。

第二，选择适当的活动。根据学生的年龄、专业和兴趣爱好等因素，选择适当的社会实践活动，确保活动具有针对性和实效性。

第三，加强组织和管理。在社会实践活动过程中，应当加强组织和管理，确保活动的安全和顺利进行，避免出现安全事故和管理混乱。

第四，做好评价和总结。在社会实践活动结束后，应当及时进行评价和总结，了解活动的效果和不足之处，为今后的活动提供经验和借鉴。

第五，注重学生的参与和体验。在社会实践活动中，应当注重学生的参与和体验，使学生能够真正参与实践活动中，感受到实践活动的意义和价值。

第六，与其他教育形式相结合。在开展社会实践活动时，可以与其他教育形式相结合，如思想政治教育、课堂教学等，形成综合性、全面性的教育效果。

二、高职学生管理的意义

高职院校在开展管理活动的过程中，积极开展学生管理有着十分重要的意义，具体表现在以下几个方面（图1-8）。

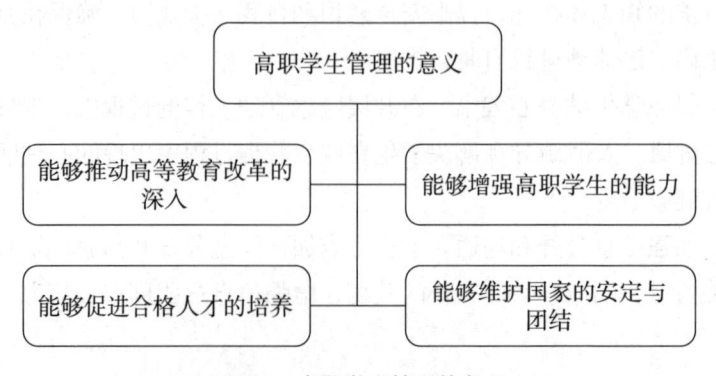

```
                   高职学生管理的意义
                    /            \
      能够推动高等教育改革的        能够增强高职学生的能力
              深入
      能够促进合格人才的培养        能够维护国家的安定与
                                         团结
```

图1-8　高职学生管理的意义

（一）能够推动高等教育改革的深入

自改革开放以来，我国高等教育事业获得了巨大发展，培养出无数优秀的合格人才。但是，由于受到多方面原因的影响，高等教育与社会主义事业的发展仍在一定程度上存在着脱节现象。这就决定了在高等教育的发展过程中，必须立足我国社会主义建设的发展现实，积极对高等教育的思想、内容、方法以及学生管理工作等进行改革。事实上，有效的高职学生管理及其改革，能够在很大程度上促进高等教育改革的深化。

（二）能够增强高职学生的能力

高职院校是对人才进行培养的一个重要场所，这就决定了高职院校的各项工作都必须围绕着人才培养来展开。因此，在开展高职学生管理工作时，要确保其具有培养、增强高职学生能力的积极作用。比如，在开展学生管理工作时，可以通过引导高职学生参与社会实践活动来促进其社会实践和社会活动能力的提升。

（三）能够促进合格人才的培养

高职院校是人才培养的基地，由于高职学生管理是高职院校管理的一个重要方面，因而其必须要为培养合格的社会主义现代化建设人才服务。具体来看，高职学生管理与一般的管理相比，是一种带有明显的教育性质的服务，即开展高职学生管理不仅要促进高职院校的有效运行，还要尽可能达到教育的目的，使高职学生成长为合格的"产品"，即合格的社会主义现代化建设人才。

总之，高职学生管理是一种"管理育人"的管理，需要与高职院校的教学工作、思想政治工作和心理健康教育等一系列工作有机结合起来，以管理促进教育、以教育推动管理，从而真正促进高职学生的成长与成才。

（四）能够维护国家的安定与团结

我国的社会主义现代化建设事业要想顺利开展，一个重要的前提是具有安定团结的政治局面。但在当前，我国的社会政治生活中依然存在着一些不安定的因素，如我国的社会主义制度还不够完善、教育体制改革还面临不少冲突、西方资产阶级反动势力企图对我国进行"和平演变"等。因此，我国在当前很有必要采取有效的措施来维护国家的安定与团结。

　　由于高职院校学生是一个特殊的社会群体，他们既有着青年的特质，如朝气蓬勃、充满激情、追求真理、关心时事；也有着青年固有的不足，如容易冲动、易走极端、时有盲从、阅历较浅、情绪不如成年人稳定等；他们是法律上的成人，但在心理上却是准成人；他们与其他同龄人相比，掌握着更多的知识，但较之真正的知识分子，其所掌握的知识又存在结构上的缺陷和知识量上的不足；他们的参与意识、自我意识的急剧增长，思想上的可塑性也大大提高，但其很容易出现偏激的情绪，也很容易与他人发生矛盾冲突，还很容易被不良的思想所影响。因此，高职院校必须严格学生管理，制定并实施一定的政策和行为规范，对学生的行为进行一定的约束，为他们的教育和成长创造一个良好的环境，引导学生形成稳定的情绪，从而保持学校的稳定，维护和发展稳定的社会局面。

第二章 高职学生的适应管理理论与策略研究

许多学生在进入高职学校之前，日常生活都由父母打理，形成了较强的依赖心理。进入高职学校后，部分学生面临各种适应问题。在面对这些问题时，他们常常感到无助和郁闷，这常常引发学生的痛苦、不安和焦虑情绪，甚至导致一系列心理问题的出现。解决这些问题，成为高职新生的重大挑战。若处理不当，会对高职学生的心理产生消极影响，因此应及时对他们出现的适应问题进行适当的指导，以确保其健康成长。

第一节 适应概述

一、适应的含义

适应是指一个人面对环境和变化的能力和素质，以及在新的环境和情境中运用自身的技能、知识、经验等资源来适应、习惯和改进的能力。适应是一个连续的过程，它包括对新的环境和情境的认知、对自身的反思、对资源和行为的调整、对挑战和压力的应对以及对其自身适应能力的提高等。

适应是一个人不断学习和成长的过程，它需要人们具备自我认知、反思、计划、执行和调整的能力。适应不仅是一个人的生存之本，也是一个人实现自我价值和发展所必须具备的素质。适应能力强的人往往能够在新的环境中更快地适应、更好地发挥自己的能力和潜力，更容易获得成功和幸福。

二、适应的类型

根据不同的标准，适应可以分为不同的类型。

（一）根据适应的对象进行分类

根据适应的对象，适应可以分为对自然环境的适应和对社会环境的适应（表2–1）。

表2–1　根据适应的对象进行分类

分类	具体阐述
对自然环境的适应	对自然环境的适应包括对气候、地理条件、生态环境等方面的适应，例如生物的进化、植物的生长。对自然环境的适应是生物生存和繁衍所必须具备的技能
对社会环境的适应	对社会环境的适应则包括对人际关系、文化、政治和经济等方面的适应，例如人的社交能力、工作能力和学习能力等

（二）根据适应的内容进行分类

根据适应的内容，适应可以分为生理适应和心理适应（表2–2）。

表2–2　根据适应的内容进行分类

分类	具体阐述
生理适应	生理适应包括对环境中的物理、化学和生物等因素的适应，例如呼吸、体温、血压等
心理适应	心理适应则包括对环境中的社会、文化和心理等因素的适应，例如情感的控制和表达、认知方式等

(三)根据适应的程度进行分类

根据适应的程度,适应可以分为浅层适应和深层适应(表2-3)。

表2-3　根据适应的程度进行分类

分类	具体阐述
浅层适应	浅层适应是指个体对环境表层的感知和反应,例如对环境中的刺激和行为的简单反应
深层适应	深层适应则是指个体对环境的认知和理解,例如对环境中的规则、意义和价值观的理解和运用

(四)根据适应的方式进行分类

根据适应的方式,适应可以分为行为适应、生理适应和认知适应(表2-4)。

表2-4　根据适应的方式进行分类

分类	具体阐述
行为适应	行为适应是指个体通过改变自己的行为来适应环境,例如对环境中的刺激、其他个体的行为以及环境变化的反应
生理适应	生理适应是指个体通过改变自身的生理机能来适应环境,例如呼吸、体温、血压等
认知适应	认知适应则是指个体通过改变自己的认知方式来适应环境,例如思维方式、注意力分配、记忆等

(五)根据适应的目的进行分类

根据适应的目的,适应可以分为积极适应和消极适应(表2-5)。

表2-5　根据适应的目的进行分类

分类	具体阐述
积极适应	积极适应是指个体积极主动地调整自己,以适应环境的变化和发展,例如主动改变自己的行为、认知和情感状态等
消极适应	消极适应是指个体在环境逼迫下被动地应对变化,例如通过简单的反应和行为来应对环境中的压力和挑战等

三、适应的心理过程

适应的心理过程如图2-1所示。

```
        适应的心理过程
    ┌──────┼──────┬──────┐
  需要    动机    压力    反应
```

图2-1　适应的心理过程

（一）需要

需要是人类对维持和发展个体生命及种族延续所必需的条件以及相应的社会生活的反应，也是有机体内部及周围环境的某种不平衡状况的反应。人的一切活动都是为了满足需要。

适应的过程是从需要的产生开始的，当个体的发展水平与其新的需要之间产生矛盾时，人们的各项发展就有了动力，需要本身的产生也离不开外部的刺激，实际上，适应本身也是一种人的需要，是人一生中必不可少的一种需要。

（二）动机

动机是在需要刺激下促使人们去行动的内在动力，是推动和维持人的活动的动因。动机激发一个人开始进行某种活动，它使行动排除其他干扰，朝着特定的方向、预定的目标进行。动机可维持一个人的行为，直接达到某个目标，而达到某个目标的喜悦反过来又强化该动机，反之可能会弱化该动机。人的动机是多种多样的。根据动机的引发原因，可分为内在动机与外在动机。内在动机指由内在因素引发的活动动机，如高职学生为掌握知识而努力学习；外在动机指由外在因素引起的活动动机，如高职学生为争取奖学金而努力学习。动机还可以分为合理动机和不合理动机、长远的间接动机和短暂的直接动机、主导性动机和辅助性动机、生物性动机和社会性动机。就动机对行动的功能而言，主要表现在三个方面，即始动功能—引发个体活动；强化功能—维持这种活动；导向功能使活动朝向一个目标。对于高职学生来说，应确立以学习为主导、以自我不断发展来服务国家和人民，同时适当满足个人需要为目的的动机，在奉献社会、建设祖国中不断完善自己，实现自我价值。

（三）压力

人们在满足需要的过程中，常常出现阻碍，即个体如果不能利用现有的习惯机制来满足它产生的需要的种种情况。面对各种阻碍，人们便会产生压力感及不同程度的心理冲突，表现为紧张、焦虑等负面情绪。在现实生活中，生活的压力主要源于三个层面。

第一，生活改变，包括个人日常生活秩序发生的重大改变。

第二，生活琐事，包括家庭经济、工作职业、身心健康、生活环境、时间分配、生活保障等方面的问题。

第三，心理因素，属于个人内在的心理困难，也是形成生活压力的重要原因，而挫折和冲突是其中最重要的。

（四）反应

在心理学中，由外界刺激引起的生理、心理和行为反应称为应激反应。反应主要由以下几部分构成（图2-2）。

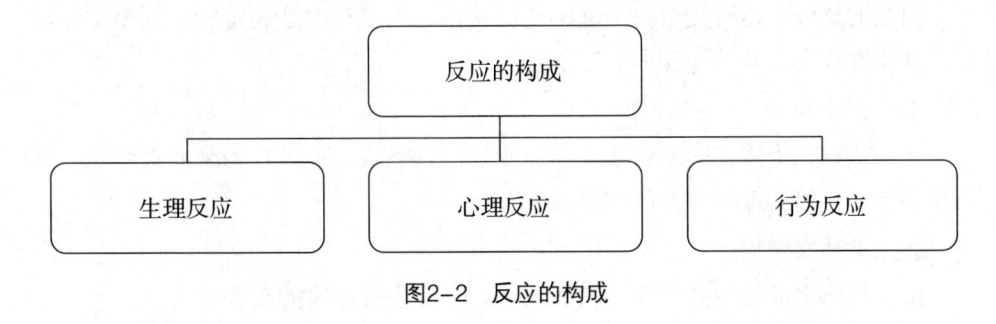

图2-2 反应的构成

1.生理反应

面对生活中不同的压力，在遇到突如其来的威胁性情境以及各种各样的紧张刺激，个体会集中出现一系列的生理变化：如压力影响儿茶酚胺类激素（肾上腺素和去甲肾上腺素）的释放，出现心率加速、呼吸加快、血压升高、血糖升高等生理上的变化。上述的应激反应是个体在短时压力下产生的生理反应。如果压力情境持续存在，有机体在给定的时间内会以相同的生理模式做出反应，包括警觉反应阶段、抗拒阶段、衰竭阶段。个体一旦进入衰竭阶段，将出现适应能力丧失、精疲力尽，最终陷入崩溃状态。

2.心理反应

生活压力引起的应激状态下的心理反应有两种。

第一，适度反应，如注意力集中、情绪的适度唤起、思维敏捷等。这些反应将有利于机体对传入信息的确认和评价，并能迅速做出决策，提高机体对环境刺激的适应能力，更好地适应环境的变化。

第二，过度的心理反应，如烦躁、抑郁、愤怒、憎恨、焦虑、恐惧等，这种情绪会妨碍人的准确思考和判断，使人出现认知能力下降、自我意识不强、语言不完整等反应，是一种严重的不适应状态。

3.行为反应

行为反应有直接和间接之分。

（1）直接的行为反应

直接的行为反应指直接改变所面临的环境刺激，以消除引起问题的刺激，如在突发的紧急情况下出现的斗争和逃避反应。

（2）间接的行为反应

间接的反应不是直接解决引起问题的刺激，而是产生变相依赖、反常动作增加和替代性攻击三种行为倾向。

①变相依赖

变相依赖是个体在应激状态下通过吸烟、饮酒或饮食等行为来面对环境，从而在心理上获得一种暂时性的满足感。

②反常动作增加

反常动作增加是一些人在应激状态下，经常表现出来的动作。

③替代性攻击

替代性攻击指个体为了减轻应激威胁，而选择某种替代目标进行发泄、攻击的行为倾向。

四、适应的心理机制

适应的心理机制,主要包括以下几方面的内容(图2-3)。

图2-3 适应的心理机制

(一)认知调节

认知调节是适应的心理基础,一般来说包括外部评估和内部评估两个环节。

1.外部评估

个体在对环境进行认知调节时,首先要做的一项工作便是进行外部评估。所谓外部评估,就是个体在全面了解外部环境的变化及其对自身发展影响的基础上,作出新的判断的过程。具体来说,个体在外部评估环节,需要完成以下几项任务。

第一,外部环境中的新变化、新要求有哪些?
第二,外部环境的新变化和新要求对个体发展产生了怎样的影响?
第三,个体在变化了的外部环境中进行发展会遇到哪些困难?
第四,个体在变化了的外部环境中应形成怎样的角色期待?

2.内部评估

个体在对外部变化作出正确判断的基础上,进一步了解并判断自己的内部状态,便是内部评估。内部评估的开展需要在自我监控系统的参与下进行,并在这一过程中重新调整自我评价和自我意向。具体来说,在内部评估环节,个体需要做好以下几方面的工作。

第一，估计外部变化引起的内部不平衡状态。

第二，分析自己会产生不适应现象的原因。

第三，明确自己已有的适应经验以及适应的效果，并对此进行比较，找到最佳的适应经验和适应方式。

（二）态度转变

个体在完成了对环境的认知调节后，必然会引起情绪体验的变化，同时会导致行为意向发生相应的变化。当认知、情感和行为意向都发生了变化时，就会引起态度的改变。因此，态度的转变实际上是对动力系统和反应倾向的调节，这是适应新环境的变化、保持和恢复心理平衡的一种背景条件。

（三）行为选择

适应心理机制的行为选择，就是个体在认知调节与态度改变的基础上，对原有行为方式进行调整与改变，以使自己的行为与环境的内在要求更加符合。

需要特别指出的一点是，个体的行为选择会受到思维方式与态度倾向的直接制约，即积极的思维方式与态度倾向会产生积极的行为方式，否则产生的行为方式便是消极的。

五、高职学生适应的内容

概括来说，高职学生生活中的变化主要包括以下几种（图2-4）。

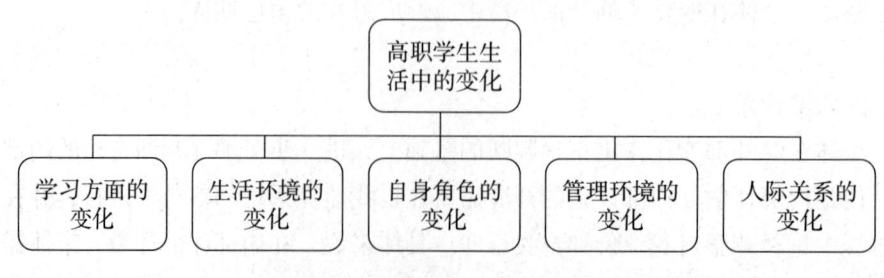

```
                   高职学生生
                   活中的变化
        ┌─────────┬─────┴─────┬─────────┐
    学习方面的  生活环境的  自身角色的  管理环境的  人际关系的
      变化        变化        变化        变化        变化
```

图2-4　高职学生生活中的变化

（一）学习方面的变化

高职学生在学习方面发生了许多变化。例如，学习内容从基础知识向专业技能转变。高职的学习不仅在学习教育的主导方式上由被动学习转变为主动学习，在学习内容上也发生了很大变化。中学时期，在应试教育的主导下，学习的主要内容为固定的书本知识，而进入高职学校后，学生面对的是一个学科，学习更注重专业性，需要学生在大量观点及理论研究成果的基础上有计划性、针对性地进行研究性学习，习得专业技能，提出自己的观点，培养科学研究的能力，甚至有所创新。另外，对于高中学生来说，学习成绩几乎是唯一的衡量标准，优异的学习成绩几乎是他们全部价值的体现和最高追求。而对于多数高职学生来说，学习成绩只是衡量的标准之一，学习在高职学生个人发展中的地位明显下降。除了学习外，人际交往能力、社会工作能力、创新创业能力、特长专长等，都是评价高职学生的重要标准。

（二）生活环境的变化

高职学生会面临远离父母自己料理生活、集体住宿自己安排作息、生活消费自己计划开支、看病买药自己判断做主、出门办事自己应对困难等新的变化。

（三）自身角色的变化

自身角色的变化主要表现在以下两个方面（表2-6）。

表2-6　高职学生自身角色变化的主要表现

主要表现	具体阐述
从家庭角色到社会角色的转变	进入高职学校之前，家庭角色在大部分学生的生活中占主导地位。走读的学生日日生活在家庭之中，非走读生也不过十天半月至数月就可回家一次。然而进入高职学校之后，大部分学生在异地求学，与家庭的紧密联系逐渐被削弱，校园生活、社会生活成为其生活的主要部分。那个以往被父母、长辈保护着的"孩子"开始告别依赖，走向独立
从中心角色到普通角色的变化	我国大多数高职院校面向全国招生。许多新生入学之后会发现，班级中同学来自五湖四海，也许每个人在过去都是家长的掌上明珠，是同龄人中的佼佼者，但是，跨入高职学校校门后，学习成绩、综合素质比自己优秀的大有人在，很多同学在中学时期的辉煌和优势不再显现。当初众星捧月的优越感荡然无存，这就引发了一系列的不平衡，如人际交往不知所措、心理顿感落差等

（四）管理环境的变化

相对于中学时期在学校有老师的严格管理，事事由老师安排，在家有家长的严密监督，高职院校阶段则更强调学生自我管理、自我教育、自我服务和自我约束。总体来说，高职院校的管理氛围是外松内紧的。所谓外松内紧，主要是指高职学生中的各种管理就其形式来说看起来很轻松，有一定的自由度，但其实质上更为严格。这种严格不仅来自他律，更重要的是来自自律。中学时代也有压力，也可以感受到学校的管理，但是这种管理是外力型的。同时，高职院校的教学管理和生活管理也与中学阶段有了很大的差异。高职院校的教师不像中学教师那样管得具体、细致，高职院校辅导员虽然也关心学生的日常生活、起居事宜等，但是他们的职责更多的是通过指导、组织学生开展多种多样的活动，培养与发展学生自立、自主、自理的精神。

（五）人际关系的变化

人际关系变化主要表现在以下两个方面（表2-7）。

表2-7 人际关系变化的主要表现

主要表现	具体阐述
人际交往的对象发生了变化	中学时代的人际交往对象主要有同学、教师、亲人，而进入高职院校后，由于生活领域的扩大，他们的人际交往对象有同学、教师、异性，有时还需要和社会中的人建立一定的人际关系。另外，从各地来的高职学生他们素昧平生而被分配到了一个宿舍中生活，他们的脾气、生活习惯等各不相同，很多高职学生出现了不适应的情况
人际交往的要求发生了变化	进入高职学校后，面对新的交往对象，高职学生要独自运用自己的方式去进行人际交往，人际交往的社会性逐渐提高，高职学生们由于生活在了一个新的环境中，所以他们迫切需要建立新的人际关系。但很多高职学生由于缺乏人际交往的技巧，经常出现人际交往问题，这些问题如果处理不好，会对高职学生的身心健康造成不良影响

六、高职新生心理适应与心理健康

高职学生新入学的时期是一个特殊的时期，是从单纯的学生角色向学生角色为主兼多种角色转变的重要时期。在这一时期，高职新生适应过程中的角色冲突被看成是高职新生心理健康水平的重要指标，良好的适应能力是高职新生心理健康的基础。高职学生个体的心理适应能力在一定程度上反映了其心理健康的程度，通常来说，心理健康水平越高的高职学生，其行为就越能够符合正常的规律，就越能采取积极健康的方式来适应遇到的各种问题，反之，心理健康水平差的高职学生不能对出现的适应问题正确看待，对于出现的各种问题也往往采用消极的态度，表现出对环境的明显不适应，也更容易出现一些心理问题。

第二节　高职学生容易出现的适应问题

一、学习方面的不适应

高职学生在学习方面的不适应主要表现在以下三方面。

（一）学习动机缺乏

我们经常看到这样的现象，一些中学时学习比较勤奋刻苦的学生在进入高职学校后，整个人便松懈下来，有的人也想把学习搞好，但又总提不起劲，拿起书便觉得厌倦，这便是学习动机缺乏。

（二）学习方法不当

学习方法不当的主要表现如下：

第一，学习无计划，看什么，做什么，学什么，心中无数，整天忙于被动应付作业和考试，缺乏主动的计划安排。

第二，不会科学利用时间，加班加点但忙不到点上，效果不佳，或平时不抓紧，临考试手忙脚乱。

第三，不求甚解，死记硬背。

第四，不能形成知识结构，没有使所学知识形成有序的框架结构，形成系统化。

第五，不会阅读，不善于选择阅读书目，无阅读重点，无阅读方法。

第六，抓不住学习上的重点和难点。

第七，不善于科学用脑，不注意劳逸结合。

第八，不善于把理论与实践相结合，不会学以致用。

第九，不会听课，课前不预习，课上开小差，不记笔记，或充当录音机角色，全记上，课后不及时复习总结。

（三）考试焦虑

考试焦虑的主要表现如下：

1.过度考试焦虑易分散注意力

干扰回忆过程，阻碍思维过程，造成考试能力的下降。

2.过度考试焦虑对心理健康的危害

使人情绪难以稳定，终日焦躁不安，或郁郁不乐；严重者还会走上自伤的道路。

3.过度考试焦虑对身体健康的危害

过度考试焦虑的长期持续，可导致大脑神经活动兴奋与抑制功能失调，形成多种类型的神经症精神疾病。另外，易导致如冠心病、胃溃疡、胃炎、甲状腺功能亢进等身心疾病。

二、生活方面的不适应

高职学生在生活方面的不适应主要表现在以下几方面：

（一）在自然环境方面不适应

自然环境适应主要是指新生对就学地的气候、空气湿度等自然环境的适应，以及因气候和空气湿度的差异而出现身体不适和疾病的情况。由于我国地域广阔，因此，在自然环境适应方面，新生需要面临较大的挑战。在北方，由于气候干燥，新生应注意多饮水、多吃水果蔬菜，避免因缺水而出现口干舌燥、皮肤瘙痒等问题。在南方，由于空气湿度高，新生应注意防潮、减少室内潮湿，避免因室内潮湿而出现风湿关节疼痛等问题。

（二）在生活环境方面不适应

在生活环境方面不适应，新生可能会出现以下问题：

1. 失眠

新生可能会因生活习惯、噪音、光线等外部因素影响睡眠质量，导致失眠。建议新生逐渐调整作息习惯，保证规律的睡眠时间和充足的睡眠质量。

2. 食欲不振

新生可能会因饮食习惯、生活压力等内部因素影响食欲，导致营养不良。建议新生合理安排饮食结构，多吃水果蔬菜，避免食用不干净或变质的食物。

3. 抑郁

新生可能会因生活环境不适、心理压力等内部因素导致情绪低落，甚至出现抑郁症状。建议新生积极参加学校组织的适应教育和健康管理活动，提高适应能力和健康水平。

4. 焦虑

新生可能会因生活环境不适、学习压力等内部因素导致情绪不稳定，甚至出现焦虑症状。建议新生注意心理调节，及时寻求学长学姐或老师的帮助，减轻心理压力。

5.皮肤过敏

新生可能会因气候干燥、空气污染等外部因素导致皮肤过敏，出现皮肤瘙痒等问题。建议新生注意保湿，多吃水果蔬菜，避免过度清洁皮肤。

6.身体不适

新生可能会因气候差异、饮食不当等内部和外部因素导致身体不适，出现感冒、胃痛等问题。建议新生注意饮食卫生、生活习惯和心理调节，及时就医寻求帮助。

（三）在生活技能方面不适应

新生上高职院校前，基本上过着"饭来张口、衣来伸手"的生活，由此造成新生的生活技能普遍欠缺。为了更好地适应高职院校生活，新生需要掌握一些基本的生活技能和自理能力，如自己动手打扫卫生、洗衣服、购物、管理时间和财务管理等。

此外，新生还需要学会自我管理和独立思考。在高职院校生活中，学生需要自己解决问题、管理时间和参与各种活动，因此独立生活和思考的能力至关重要。

总之，新生在进入高职院校前应该尽可能掌握一些基本的生活技能和自理能力，这将有助于他们更好地适应高职院校生活并提高自己的独立能力。

三、社交方面的不适应

（一）社交方面不适应的原因

社交适应不良是当前高职院校学生经常出现的问题，以下是一些可能导致高职院校学生社交适应不良的原因。

1.自我为中心

有些高职院校学生在中学时由于受到家庭的宠爱，形成以自我为中心的思想，不考虑别人的感受，不善于合作和沟通。

2.人际关系紧张

高职院校学生来自不同的地区和文化背景，有着不同的性格和习惯，因此在宿舍或班级中可能发生人际关系紧张的情况。

3.不会表达自己

有些高职院校学生不善于表达自己的想法和情感，导致别人无法了解和理解自己，也容易造成误解和矛盾。

4.不懂得倾听

倾听是人际关系中非常重要的一环，如果高职院校学生不懂得倾听他人的意见和感受，就难以建立良好的人际关系。

5.缺乏社交技巧

有些高职院校学生可能来自相对封闭的家庭和教育环境，缺乏社交技巧和社交能力，无法适应高职院校的社交环境。

6.兴趣爱好不同

高职院校学生有着不同的兴趣爱好和休闲方式，如果和一些同学的兴趣爱好不同，就可能导致沟通不畅或被孤立。

（二）社交方面不适应的表现

高职院校学生社交适应不良的表现可能包括以下几个方面：

1.缺乏社交活动

不积极参加社交活动，避免与他人接触和交流，导致社交圈子较小，无法融入高职院校生活。

2.常有孤独感

尽管身处人群中，但仍然感到孤独和寂寞，缺乏真正的情感联系和支撑。

3.难以建立友谊

难以与同学建立深入的友谊,无法建立良好的信任和互动关系,导致社交圈子较小。

4.人际冲突

容易与同学发生冲突和误解,缺乏妥善处理人际关系的能力,导致人际关系紧张。

5.沉迷网络世界

过度沉迷于网络世界,如游戏、社交媒体等,导致与现实世界的交流和互动减少,社交能力下降。

6.具有疏离感

感觉与周围的环境和人群疏离,无法融入高职院校的文化和社交环境,缺乏归属感。

四、时间管理方面的不适应

高职院校学生在时间管理方面可能会存在不适应的问题,这可能与他们从小到大的教育经历、生活方式和个人习惯等因素有关。以下是可能导致高职院校学生时间管理不适应的一些原因:

(一)学习方式的改变

与高中相比,高职院校的学习方式更加自主和开放,需要学生具备更多的自律和主动性。高职院校学生需要学会自我规划、安排时间和解决问题等能力,这需要一个适应过程。

（二）生活方式的改变

在高职院校里，学生需要独立生活、管理和安排自己的时间，这可能会对一些习惯了依赖家长和老师的学生造成困难。同时，高职院校里的社交活动和娱乐方式也更加丰富多样，如何平衡学习和娱乐、社交等活动也是高职院校学生需要掌握的技能。

（三）缺乏时间管理技巧

许多高职院校学生可能缺乏有效的时间管理技巧，不知道如何制定计划、分配时间、设置目标和评估进度等。缺乏有效的时间管理技巧可能导致学习拖延、时间浪费和焦虑等问题。

（四）电子产品的过度使用

在高职院校里，学生拥有更多的自由时间和更多的电子产品使用权，例如电脑、手机等，这可能会导致学生在学习时分心和拖延。过度使用电子产品可能影响学生的专注力和学习效果。

（五）缺乏支持和辅导

高职院校学生可能缺乏有效的支持和辅导，应帮助他们适应自主、开放的学习方式，以及学会有效的时间管理技巧。缺乏支持和辅导可能导致高职院校学生在时间管理方面出现不适应和困难。

五、其他适应问题

（一）理想与现实的差异导致困惑失望

很多高职学生在入学之前，都把高职生活想象得完美无缺，而对高职学校艰苦的学习和简朴的生活则缺乏必要的思想准备。当进入高职学校之后，就会发现现实生活中有许多不完善和不尽如人意之处，与期望形成强烈的反差，从而使他们困惑、迷惘，产生了失望感，情绪消极、低落。理想与现实的差异还表现在专业学习方面。没有进入高职学校之前，许多学生都把自己所学的专业想象得很有趣，认为自己选报的专业完全符合自己的需要。但当入学之后，特别是学习一段时间之后，发现自己的专业并非原来想象的，于是不安心学习本专业课程，甚至对自己的专业产生了反感和厌恶的情绪，最终由于产生失望导致严重的情绪障碍。

（二）自豪感与自卑感的矛盾

由于多数新生对高职生活不适应的思想准备不充分，一有挫折，那种盲目的自豪感、自信感也就随之消失，转而产生了自卑感和焦虑情绪。每个高职学生迈入高职学校之后，由于学习环境和学习方式的变化，需要他们调节自己与环境的关系，调整自己所处的位置，达到"角色转换"。在当今社会生活日新月异的时代，自卑者只有走"超越自卑"的道路，才不致成为时代的"弃儿"。面对新的竞争，应下定决心，想方设法克服困难，坚定地赶上去，做一个强者。

（三）强烈的求知欲与认知水平有限的矛盾

高职学校是一个信息密集并交汇的地方，政治信息、经济信息、科技信息、文化信息、专业信息及其他各种信息在这里传播着，这使高职新生从原先的信息封闭状态跃进到信息的开放状态，从读书的不自由到自由、从书籍的匮乏到书籍的丰富，这一切给他们带来了巨大的喜悦。对他们产生了强大的诱惑力，同时更进一步地激起了他们强烈的求知欲望。但是，由于高职学生的认识水平有限，思想方法比较简单，往往对所接触作品观点的真与伪、精华与糟粕难以作出正确的分辨。如有的学生在读西方哲学书籍时，倾向于把比较新鲜的或者符合自己观点的视为真理，并且用以指导自己的思想和行动。不合自己胃口的便不加分析地排斥。近年来，在高职学生中不论是高年级还是低年级，在阅读书刊中把"糟粕"当"精华"吸收的大有人在，这影响了他们的情绪，影响了他们的心理健康。

第三节 高职学生适应管理的策略

一、积极认识主客观环境

积极认识主客观环境是高职学生适应管理的重要策略之一。以下是一些有助于高职学生积极认识主客观环境的策略。

(一)认识主观环境

学生应该认识自己的主观环境,包括自己的价值观、兴趣、能力和发展目标等。通过认识这些因素,学生可以更好地了解自己的优势和弱点,从而更好地规划自己的学习和职业发展。

(二)了解客观环境

学生应该了解自己所在的客观环境,包括学校、学院、专业、课程、教师和同学等。通过了解这些信息,学生可以更好地适应高职院校的学习和生活,同时也可以更好地利用学校的资源和机会。

(三)积极适应环境

学生应该积极适应环境和改变环境,包括适应学校和学院的规定和要求、改变自己的学习方式和行为习惯等。这有助于他们更好地融入高职生活,同时也可以更好地利用学校的资源和机会。

(四)建立支持系统

学生应该建立自己的支持系统,包括亲密的朋友和家人、专业的心理咨询师和教师等。这有助于他们更好地应对学习和生活的挑战,同时也可以更好地提高自己的学习效果和心理健康。

二、正确认识自我

高职学生需要面对许多新的挑战和压力,如学术要求、社交压力、职业发展等,因此,了解自己的优势和弱点,并学会如何有效地应对这些挑战,是实现适应管理的关键。以下是一些有助于高职学生正确认识自我的策略。

(一)接受自己

高职学生常常会感到压力,觉得自己需要符合他人的期望,但这种压力会阻碍他们认识自己。因此,学生需要学会接受自己,包括他们的优点和缺点,从而建立自我认同和自信心。

(二)了解自己的价值观和目标

高职学生需要思考自己的价值观和目标,并确定如何与这些因素相适应,以便更好地管理自己的生活和学习。

(三)培养自我认知能力

学生可以通过反思自己的行为和反应,以及与他人交往来了解自己的优点和弱点。这有助于他们更好地理解自己的行为和情感,从而更好地应对挑战和压力。

(四)建立自我管理能力

学生需要学会管理自己的时间和情绪,以便更好地应对学习和生活的挑战。这包括设定明确的目标和计划,以及学会如何处理自己的情绪和挫折。

总之,正确认识自我是高职学生适应管理的重要策略之一。通过接受自己、了解自己的价值观和目标、培养自我认知能力和建立自我管理能力，学生可以更好地适应高职生活，实现个人成长和发展。

三、学会主动学习和自学

高职新生要逐步学会主动学习以及学会自学。具体来说，应注重提高以下几个方面的能力。

（一）丰富的基础知识

高职学生在校学习的往往是某一门专业的学科知识，因此，学生既要有扎实的专业基础知识，又要有邻近专业的相关知识；既有理科方面的数理逻辑知识，又有文科方面的文化历史知识；既有熟练的计算机操作技术，又有流畅的外语口语表达能力。像这样能做到一专多能、文理兼容的复合型人才非常受欢迎。

（二）扎实的专业基础

在高职时期，高职学生要努力提高自己的综合学习能力，还要正确对待专业课、公共课和选修课。对专业课的学习，应目标明确具体，主动克服各种学习困难，不断提高学习兴趣。用人单位通常是按照所在行业的专业特点选拔毕业生，因此，反映在个人履历表中的所学专业课成绩的优良程度，就成了又一项重要的量才标准了。

（三）正确的学习方式

高职学生的学习方式往往是教师领进门，做启发性的指导和答疑解惑，大量的时间要靠高职学生自己去支配和决策，什么时间应该学习什么，应该花费多长时间学习课堂知识，又应该用多长时间自己去查阅资料、补充笔记和课余思考。在实施学分制的学校，学生还可以根据自己的学习能力和时间安排，自我确定学习的相关内容和课程。因此，高职学生都应该养成制定学习时间表、学习计划及学习效果评估等良好的学习方式。

（四）较强的动手能力

动手能力也叫实践操作能力，是从事任何一种专业性工作必备的素质。如果只是会背书本上的概念和理论，不会解决实际问题，就无法胜任工作。因此，高职学生一定要克服只重理论知识而轻实践操作的观念。

（五）健康的心理素质

高职学生毕业后从事的很多职业都需要和人打交道。所以，只有个性积极向上、乐观自信、活泼开朗，善于与人交流和沟通，才有亲和力和好人缘，才能适应各项工作的要求。相反，如果个性消极低沉、不善于与人交流和沟通，则不容易受人欢迎，也会影响就业和工作的发展。因此，高职学生一定要把培养健康的心理素质作为一项重要的任务来完成。

四、培养良好的生活方式

良好的生活习惯是保证高职学生健康成长的重要方式，为了达到这一目的，高职学生从进入高职院校就应该开始重视这一问题，养成良好的生活方式。

（一）养成良好的饮食习惯

饮食不良现象在高职学生中比较普遍，主要表现在以下几个方面。

1.饮食不规律

高职院校的课程安排没有中学时代那么紧凑，有时十点多才有课，于是很多高职学生早上贪睡，根本来不及吃早饭就去上课，还有的在路上随便吃几口，这对学生的身体极为不利。

2.不懂营养搭配、荤素搭配

高职学生离开了父母的管束，有了更多的自由，所以他们经常完全根据自己的喜好来吃饭，想吃什么就吃什么，想吃多少就吃多少，想吃就吃，不想吃就不吃，他们完全不考虑营养搭配、荤素搭配。

3.暴饮暴食

高职学生主要在食堂就餐，食堂吃饭的时间是比较固定的，有些高职学生由于一些事错过了吃饭时间，于是他们就随便吃点东西，等到下顿饭的时候就暴饮暴食。

对于以上不良的饮食习惯，高职学生一定要纠正，逐步形成良好的饮食习惯。

（二）形成良好的卫生习惯

现实生活中的很多高职学生既不注意公共卫生，也不注意生活卫生，他们经常随地吐痰、乱扔垃圾、不打扫宿舍卫生，也没有养成早晚刷牙的好习惯。时代赋予了高职学生新的时代使命，对高职学生提出了更高的素质要求，当然也包括良好的卫生习惯的要求，试想，高职学生如果连最起码的卫生习惯都没有养成，又如何去为社会作贡献。因此，高职学生应该从小事做起，养成良好的卫生习惯，明确目标、振奋精神，从一点一滴做起，努力成为社会需要的合格人才。

（三）培养健康的生活情趣

现代医学研究表明，持续的心理紧张和心理冲突会造成精神疲劳，免疫功能下降，容易发生疾病。要做到心理健康，应该"以动养静"，培养健康的生活情趣。如学习时专心致志，学习之余，寄情于一技、一艺、一诗、一画、一花、一草，凝心定志。要做到心理健康，就更应该培养一份健康的生活情趣，积极上进、认真学习，提高自身综合素质和能力。

（四）休闲娱乐要有益

高职学生的休息娱乐活动应以调整大脑、锻炼体魄、增进修养为主旨，以丰富多彩、高雅文明为特点，摒弃那些既无锻炼意义又无修养意义的不良休息娱乐方式，可以多参加各种课外兴趣小组、社团活动、文艺活动等，使自己在科学合理的原则下得到休息和调整。

（五）兴趣广泛

高职学生在学习之余应培养和发展多方面的兴趣，参加一些有意义的活动。比如，参加社团活动、参加社会实践、多听演讲报告以充实自己等，这些活动不仅可以使单调的生活得以调剂，而且还会增加生活乐趣、焕发精神。同时，参加有兴趣的活动还可以得到他人的接纳与认同，获得朋友的支持与帮助，满足社会交往等精神需要。

（六）坚持锻炼

坚持锻炼身体不仅可以使肌肉发达、关节灵活，增强心血管功能、促进生长发育，而且还可以提高中枢神经系统的反应能力，使人反应灵活，同时也会使人感觉敏锐，增强观察力、注意力、记忆力的发展，提高思维的敏捷性和灵活性，从而具有自信，保持乐观开朗的情绪。

五、有效管理时间

走进高职校园，高职学生们自主安排的时间较多，能否合理安排时间，直接影响到学习任务的完成。所以，高职学生必须树立一种时间观念，做好时间的规划和管理。

（一）保持激情

在高职学校里，不能失去激情。例如，从一间教室走向另一间教室的时候，就可以听一些关于时间管理的音频资料。这样，几乎时时刻刻都在保持自己的激情。

（二）尽量保持自己的专注态度

每个个体在专注于某项工作时，会首先花费一定的时间去进入状态，一旦这个状态被打破，那么个体就会需要重新花费时间去进入状态，所以，一旦进入了专注的状态就尽量保持，避免由于被打破而重新花费时间进入状态。

（三）简单的事可以同时做

例如，每天早晨洗漱时间和吃早餐的时间可以用手机等工具背外语单词和课文，这样，每周可以记一到两篇课文，时间久了你就会发现，自己在做这些不费脑子的事情的同时，又学到了很多的知识。

（四）强度大的事情一次只能做一件

第一，集中精力于每件事情，并且在学习的时候保持高效。
第二，如果在不同任务之间相互切换会耗费大量的时间，因为每次都必须花时间重新适应一次。因此，一次只做一件强度大的事情会节约大量的时间。

（五）每天保证至少30分钟的锻炼时间

经常进行体育锻炼对于保持足够的精力和清醒的头脑非常重要。例如，每天都步行穿过校园去上课，也是一种锻炼。

（六）每周用一天时间放松自己

在学习方面过度专注并且以牺牲业余生活为代价，从长远来看是有害的，我们需要维持各个方面的平衡，所以，每周需要用一天的时间来放松自己，使自己拥有一个健康的身体。

六、建立和谐的人际关系

高职学生可以从以下几个方面着手处理好人际关系。

（一）相互理解，学会批评

每个人都是要面子的，所以不要轻易去批评他人，但当他人损害了我们的利益时，需要指出，使其改正。需要注意的是，批评也是要讲究技巧的，要想达到批评的效果，就必须减少对方的防卫心理，如果对方出现了防卫心理，就有可能出现下列几种情况。

第一，如果是在公共场合下，对方很可能首先意识到的是自己的自尊受到了损害，而不是自己对别人已经犯下了错误。

第二，涉及人格与能力的时候，比起一些具体的言行来，人们往往更看重自身的人格和能力。

第三，涉及既往的事件，一两件事可能是偶然的情况，但许多事件就可能是人品的问题，所以，翻旧账就等于在贬低对方的人品。

因此，在批评的时候，要记住，尽量不要在公共场合，要对事不对人，不要翻陈年旧账。

如果在欣赏与感谢对方某种好的品质的基础上再提出善意的批评，效果会更好。

（二）培养自信，友好交往

某些高职学生之所以不能采取主动交往的方式，主要是因为缺乏自信，担心遭到拒绝，实际上，人一生下来就是社会性的，人际交往是相互沟通交往的过程，人际关系中，双方都需要适应，需要人际关系支持。

（三）热情待人，相互尊重

热情是最能打动人、对人最具吸引力的特质之一。一个充满热情的人很容易以自己的良性情绪感染别人。一个面带微笑的人很容易被他人接纳。要热情待人还需从心里对他感兴趣，真心喜欢他人，尊重他人。因为人们更容易喜欢那些对自己感兴趣的人。尊重别人，还要让他人保住面子。

（四）赞赏别人，注意倾听

很多高职学生由于容貌、见识、家庭环境等会出现一定的自卑感，他们需要得到同伴的认同和鼓励，一句发自真心的赞美可能会使他们非常高兴，自信心也会得到极大提高。真心实意地赞美他人可以增加彼此之间的友谊，对形成良好的人际关系至关重要。

认真倾听对方的话语，对方可以感受到你的尊重，倾听有助于我们从他人的言语中学到一些有益的知识，增长我们的经验，也有利于建立良好的人际关系。当然，倾听不是被动地接收。倾听过程中，有意识地反馈，可以吸引对方的思考，引导对方谈话的方向，使之更符合你的需要。

七、学会调节

（一）学会遗忘

克服恋旧心理，要面对现实，积极参与现实的群体中去，学会忘掉不愉快的事件。

（二）积极暗示

主要通过自我内部语言或文字的形式来激励自己，调节自己的情绪，增加自信心。

（三）转移和升华

把消极的情绪转移到积极方面，从失败、挫折中吸取教训，把时间和精力升华到学习、工作和有社会意义的活动中去，既转移了痛苦的感受，也能体会到成就感。

（四）合理宣泄

第一，可以向亲人、朋友、同学及你认为可信的人倾诉心中的苦恼。

第二，可以参加体育文娱活动、户外活动来宣泄自己的不良情绪。

（五）充分利用各种资源

第一，多与人交往和沟通，争取更多的信息。

第二，多向师长请教，向别人学习。

第三，在自我调整不奏效时，可以到学校心理咨询机构咨询，请心理咨询专业人员帮助进行心理疏导，从中学习到一些调节心理适应的知识和办法。

第三章　高职学生的学习管理理论与策略研究

知识经济时代的到来，彻底地改变了人们的学习观念，学习是"全面学习、自主学习、创新学习和终身学习"。对于现代人来讲，"学会"是很重要的，但"会学"才是根本。因此，"学会学习"已成为时代的命题，它既是高职学生发展自我，实现自我，创造理想人生的前提，也是他们在校学习的重要内容。高职院校教育具有明显的职业定向性，要求高职学生除了扎扎实实掌握书本知识之外，还要培养研究和解决问题的能力。由于学习是一种十分复杂的心理过程，它需要全部的智力因素和多种非智力因素的积极参与。因此，培养良好的学习心理是高职学生心理健康教育的重要内容。同时，这对于提高高职学生的学习质量和效率也具有特别重要的意义。

第一节　学习概述

一、学习的概念

学习是指通过一定的方式和途径，获得知识和技能的过程，是人们生存和发展的必要手段。学习不仅是指在学校中的学习和考试，更是指一个人在生活中的所有经验和积累。学习是一个持续不断的过程，它需要不断地探索、尝试、实践和反思，以不断地提高自己的能力和素质，适应不断变化的社会和环境。

二、学习的类型

根据不同的分类标准，学习可以分为不同的类型。

（一）根据学习目标进行分类

根据学习目标进行分类，学习可以分为知识学习、技能学习和社会规范学习（表3-1）。

表3-1　根据学习目标进行分类

类型	具体阐述
知识学习	是指学习者掌握新的事实和信息的过程，这些事实和信息被编码成各种符号形式，如语言、文字、图像等。知识学习的目的在于增加个体的知识存储和信息处理能力
技能学习	是指学习者掌握新技能的过程，这些技能包括身体技能、认知技能和行为技能等。技能学习的目的在于提高个体的操作能力和行为表现
社会规范学习	是指学习者掌握社会规范和价值观念的过程，这些规范和价值观念被内化为个体的态度和行为准则。社会规范学习的目的在于提高个体的社会适应能力和道德水平

（二）根据学习方式进行分类

根据学习方式进行分类，学习可以分为接受学习和发现学习、机械学习和意义学习等（表3-2）。

表3-2 根据学习方式进行分类

类型	具体阐述
接受学习	是指学习者通过教师的讲解、演示、阅读等指导方式来获取知识的学习过程。接受学习强调学习者的接受和记忆，注重知识量的积累和提高
发现学习	是指学习者通过自身探索和发现来获取知识的学习过程。发现学习强调学习者的探究和发现能力，注重知识质的变化和提高
机械学习	是指学习者通过反复练习和记忆来掌握技能的学习过程。机械学习强调学习者的记忆和熟练程度，注重技能量的提高
意义学习	是指学习者通过理解知识内在联系和意义来掌握技能的学习过程。意义学习强调学习者的理解和运用能力，注重技能质的变化和提高

（三）根据学习水平进行分类

根据学习水平进行分类，学习可以分为感觉、知觉、记忆、思维和想象等不同层次和水平。

1.感觉
感觉是指学习者的感觉器官感知外部刺激的过程，如视觉、听觉、触觉等。

2.知觉
知觉是指学习者对感觉信息进行组织和解释的过程，如对物体的形状、颜色、空间位置等特性的感知和理解。

3.记忆
记忆是指学习者将感知到的信息存储在大脑中，并在需要时提取出来的过程，包括感觉记忆、短时记忆和长时记忆等。

4.思维
思维是指学习者运用已有的知识和经验，通过推理、判断、概括和解决问题等过程来获取新知识、解决问题和进行决策的能力。

5.想象

想象是指学习者在头脑中创造出新的形象和情境，以帮助理解和探索问题，如阅读、创作和角色扮演等过程。

三、学习的特点

概括来说，学习的特点主要包括以下几方面（图3-1）。

图3-1 学习的特点

（一）意识性

人的学习具有意识性的特点，这是人类学习与动物学习的重要区别之一。人的意识性特点使得人们在学习过程中能够更加主动、积极地参与，按照一定的计划和目的进行学习，并且能够对自己的学习过程进行反思和调整，以取得更好的学习成果。

具体来说，人的意识性特点包括以下几个方面。

第一，学习是有目的、有计划的行为。人们在学习之前通常会制定学习计划和目标，按照一定的方向和目的进行学习。

第二，学习是一种自我发展和完善的过程。通过学习，人们可以不断提高自己的认知和情感水平，发展自己的个性，实现自我价值的最大化。

第三，学习需要付出努力和持续不断的练习。人们需要不断地尝试和练习，以取得学习的成果。

第四，学习是一种社会性的行为。人们在学习过程中会与他人进行交流和互动，从他人那里获取知识和技能，同时也向他人展示自己的学习成果。

第五，学习是一种创造性的行为。通过学习，人们可以开拓思路、创新方法，从而取得独特的成果和突破。

（二）社会性

在现代社会中，由于科学技术的发展和社会的变迁，学习的社会性特点也变得更加突出和明显。人们需要不断地学习适应社会的变化，学习新的知识、技能和社会规范。具体来说，学习的社会性特点主要包括以下几个方面：

1.学习是在社会环境下发生的

人类的学习行为通常发生在家庭、学校、社区等社会环境中。这些环境提供了各种资源和互动机会，有助于个体学习和发展。

2.学习涉及与其他人的互动

学习过程中，个体通常需要与其他人进行交流、讨论和合作，从而形成社会互动。这些互动可以帮助个体理解和学习新的概念、技能和知识。

3.学习涉及共享和传递知识

在社会学习中，个体不仅需要理解和吸收知识，还需要将其传递给他人，以便共享和积累知识。

4.社会性学习可以促进个体的发展

社会学习可以帮助个体获得新的视角、技能和知识，从而促进其个人和社会发展。

5.社会性学习可以提高学习者的自我意识

在社会学习中，个体需要关注他人的反应和期望，从而更好地理解自己，提高自我意识。

四、学习的心理基础

学习的心理基础主要包括智力因素、非智力因素和特殊能力等方面（图3-2）。

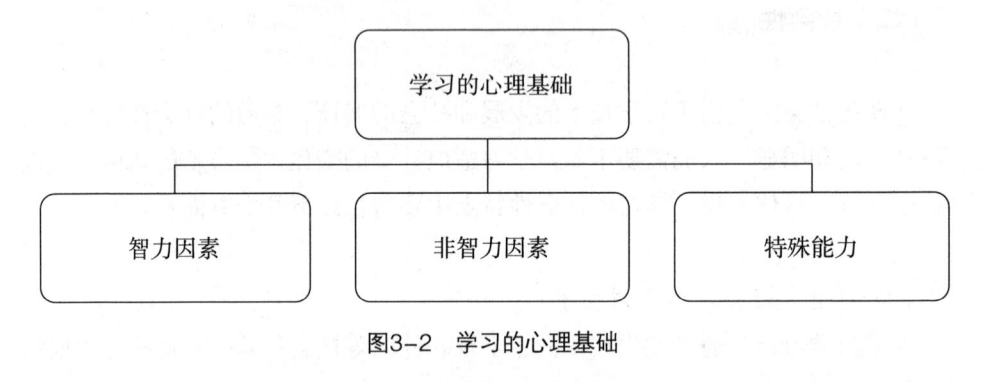

图3-2 学习的心理基础

（一）智力因素

智力因素是指由认知、观察、记忆、思维、想象等心理因素构成的心理基础，是学习过程的基本心理条件。智力因素对学习效果产生直接的作用，主要包括注意、观察、记忆、思维和想象等心理过程。

（二）非智力因素

非智力因素是指由兴趣、动机、意志、情感等心理因素构成的心理基础，对学习过程产生间接的影响。非智力因素能够调节学习过程中的心理状态和情绪，从而影响学习效果。

（三）特殊能力

特殊能力是指在学习过程中表现出来的、与学习密切相关的特殊能力，如语言能力、数学能力、音乐能力等。特殊能力对学习效果产生特定的影响，是学习过程中的重要因素之一。

总之，学习的心理基础包括智力因素、非智力因素和特殊能力等方面，这些因素共同作用，影响学习效果和学习结果。了解学习的心理基础有助于提高学习效果和学习效率，同时也能够更好地满足学习者的需求和期望。

五、学习动机

（一）学习动机的含义

学习动机是引发和维持个体学习活动，并将学习活动引向一定学习目标的动力机制。该动力机制表现为推力、拉力和压力三种动力因素之间的相互作用。它是由学习需要和诱因两个方面构成的。

学习需要是学生追求学业成就的心理倾向，是社会、学校和家庭对学生的客观要求在学生头脑中的主观反映。学习需要是学习动机产生的基础，是激发学生进行各种学习活动的内部激活动力（即内驱力）。但学生有了明确的学习需要和满足学习需要的手段，并不等于他会为满足学习需要而采取行动，只有出现与学习需要相适应的外部诱因时，学习需要才能变成学习动机，导致学习活动的发生。所谓诱因，是指与学习需要相联系的外界刺激物，如家长的鼓励、教师的表扬和同伴的赞美等。诱因吸引学生进行定向的学习活动，以达到一定的学习目标，从而使需要得到满足。

（二）学习动机的类型

学习动机不是某个单一的因素，而是由多个因素组成的系统。这些因素根据其不同的特点，可分为以下几类。

1.内部动机和外部动机

根据学习动机产生的条件，可将其划分为内部动机和外部动机。学习的内部动机来源于学习者自身动力的驱使，例如：认知的驱动力——由于内心对新知识、新事物存在好奇心，驱使学习者去认识事物，探索、解决问题；兴趣的驱动力——符合自己兴趣、爱好的事物或者知识，更容易引发学习者学习的动机；成功的驱动力——获得成功的欲望和需要促使我们积极进取等。学习的内部动机的作用较为持久，而且能够使学习者处于一种积极主动的学习活动状态。学习的外部动机则是由外界的诱因所决定的，例如：老师们深入浅出、幽默风趣的教学方式，每学期的奖学金，"优秀学生""优秀学生干部"的评选等。学习的外部动机的作用往往较为短暂，因此，如果学习者完全是被这种学习动机所推动，那么学习活动也往往处于一种被动状态。

2.主导性学习动机和辅助性学习动机

根据学习动机在学习活动中所起的作用不同，可将其区分为主导性学习动机和辅助性学习动机。在学习者的学习动机中必然有一种动机最为强烈、稳定，它制约着其他成分，决定着学习者的基本方向，被称为主导性学习动机；而其他不占主动地位的学习动机则被称为辅助性学习动机。主导性学习动机往往与辅助性学习动机同时存在，如有的同学学电脑是为了能通过网络更快、更好地获取各种信息知识，这是他的主动动机，但同时他也有上网玩游戏、聊天等放松、娱乐的辅助性动机。

3.近景性学习动机和远景性学习动机

根据学习动机内容指向的时间不同，可分为近景性学习动机和远景性学习动机。近景性学习动机是指向近期的，与学习者的学习活动和个人目标直接联系的动机。它是由我们对学习的直接兴趣以及对学习活动直接结果的追求所引起的，如有的同学希望学习上取得高分，从而获得奖学金等；远景性学习动机则是与学习结果、社会意义相联系的动机，是社会的要求在学习者身上的反映，如为了将来在自己的专业领域内有重大贡献等。

（三）学习动机的作用

学习动机在学习中发挥着重要作用，具体表现在以下几点。

第一，学习动机决定着学习方向，学习动机是以学习目的为出发点的，它是推动学生为达到一定的学习目的而努力学习的动力。没有明确的学习目标的学生自然不会产生动机力量，因此，学生动机首先要求学生懂得为什么学，朝着什么方向努力。

第二，学习动机决定着学习过程，学生是否能持之以恒，差异在学习动机。

美国心理学家阿特金森于1980年全面探讨了有关动机研究，得出了"完成某项学习任务所需要的时间与对这项任务的动机水平为正相关"的结论。

第三，学习动机影响着学习效果：沃尔伯特研究了动机水平与学习成就的关系后得出"学习动机越强烈的被试者，其学习成绩越好，其正相关达98%"。

（四）高职学生学习动机的特点

学习动机产生于对学习的需要，是受社会环境、教育过程和个体身心发展水平的影响而发展起来的。随着高职学生身体心理与社会性发展，高职学生的学习动机呈现出以下特点：

1.学习动机的职业性

我国在校的高职学生，虽然绝大多数是按其报考志愿录取的，但很多学生的志愿往往并非出自学生个人的意愿，而带有相当大的盲目性。因此，不少高职院校一年级学生都有专业思想不巩固的问题。但是随着年级的升高，学生对所学专业的了解日益加深，从而对自己所学专业的喜爱程度逐年加深，职业化的学习动机开始逐渐巩固。

2.学习动机的多元性

高职学生学习动机的多元性主要表现为以下四类。

第一类是报答性和附属性学习动机。如为了报答父母的养育之恩，为了不辜负老师的教诲，为了取得其他同学的认可和获得朋友的支持等。

第二类属于自我实现和自我提高的学习动机。如为了满足荣誉感、自尊心、自信心、满足求知欲等而学习。

第三类属于谋求职业和保证生活的学习动机。如为了获得一个理想的职业和高回报的收入而学习。

第四类属于事业成就的学习动机。如希望自己在专业上有所建树，希望自己能对社会有所贡献，具有使命感、责任感和义务感等。

高职学生学习动机的四种类型，实际上也表现出高职学生在学习中的不同层次和水平。在同一个高职学生身上，其学习动机也是多种多样的，而不是受其中单一的动机所支配，但它们有主有从。

3.学习动机的间接性

高职学生的直接性学习动机，如分数赞赏、奖励、避免惩罚等随着年级的升高而逐渐减弱；而间接性学习动机，如求知欲、探索、成就、创造、贡献等，随年级的升高而逐渐加强。

教育时间的经验也表明，低年级高职学生对考试分数很重视，常常因不能取得高分而苦恼。随着年级的升高，学生对分数仍重视，但注重的程度减弱了。相当多的高年级学生，在某些课程上只要求通过考试，在另一些课程上则特别注重广泛吸取知识，参与创造性地探索工作，掌握现代化的科学研究方法。这也说明了随着年级的提高，高职学生的直接性学习动机逐渐减弱，而间接性学习动机则逐渐增强。

当然，高职学生学习动机的发展也存在着很大的个体差异。造成这种差异的原因是多方面的。如社会、家庭、教师及大众传播的影响，学生集体的相互关系，个人的成败经验及成就动机，都直接影响高职学生的学习动机。

（五）高职学生学习动机的相关因素

1.学习兴趣

学习兴趣是一种力求认识世界，渴望获得文化科学知识的意识倾向，这种倾向是与一定的情感体验相结合的，它是学习动机中最现实、最活跃，带有强烈情绪色彩的因素。值得指出的是，学习兴趣不是天生就有的，是可以通过后天培养的，主要取决于以下因素：一是事物本身的特性。凡是相对强烈、对比明显、不断变化，带有新异性和刺激性的事物都会引起人们的兴趣；二是人的已有知识经验，能使人们获得新知识，如实用的计算机、外语等易激发学生的学习兴趣；三是人对事物的愉快体验，一个人在学习过程中获得别人承认，或内在的满足等积极情感体验，会加强学习兴趣的稳定性。

教师在学习中也起着不容忽视的作用，如教师的人格影响力、知识水平、教学内容的新颖性与多样性，教学难易安排等。

2.学习目的

学习目的，是指学生进行学习所要达到的结果或实现的目标。学习动机是促使学生达到学习目的的动因，只有树立明确的学习目标，才能产生强烈的学习动机，保持高度的学习自觉性。因此，学习目的作为产生和保持学习动机的因素，在学习行为中起着重要的指导作用。

学习目的有远大与近期之分，远大的学习目的是建立在社会需要基础之上的，例如"为实现中华民族的伟大复兴而学习"。近期学习目的是与学习的具体活动或具体教学要求相联系，如准确理解某个词的含义就是课堂教学要求的反映。高职学生在学习过程中，既要有长远明确的目标，又要有短期具体的学习目的，后者是有效完成学习任务，从而成功地达到高职院校学习目的的关键。

确定具体的学习目的时，应掌握三个原则，一是求近不求远，要完成某项学习是眼前的事而非指向未来的学习目标；二是具体明确而非笼统模糊，没有明确的学习目标，就不能做到有的放矢；三是分析个体情况，制定具体的学习目的，具有适中的挑战性。

3.成就动机

人们在成就动机强度上的差异可以用避免失败来解释。有成功倾向的人善于确立适中的奋斗目标，避免失败倾向的人常常把目标定得偏高或偏低。

一般来说，大多数学生将学习中的成功与失败归因于四种因素即学习能力、努力程度（内归因）、学习的难度水平和运气（外归因）。低成就动机的学生常把成功归为好运气，失败归为自己的学习能力差；而高成就动机的学生常将成功归为个人的能力与努力程度，将失败归为功夫不够，这类学生失败并不能降低他们的自信心与对成功的期待水平，反而促使他们更加努力，研究结果也表明，成就动机与学习行为正相关，即成就动机在学习中起着很大的推动作用，它与学生的学习毅力、学习成绩与学习效率正相关。

4.交往动机

交往动机是指人们愿意与其他人进行交往，建立友谊关系的需要，在教学环境中，学生的交往动机表现在主动参与探索讨论，喜欢与其他同学交流学习问题。麦基奇的研究表明，在热情、友好、热爱学生的教师负责的班级，交往动机高的学生占多数；在对学生冷淡、缺乏热情、不友好的教师的班级中，交往动机低的学生占多数，其学习成绩稍逊于交往动机高的学生。可见，教师对学生的态度和与学生的交往需要相互作用，从而影响着学生的学习效果。

（六）培养和激发高职学生学习动机的方法

1.正确归因

正确的归因不仅能使我们端正学习态度，激励我们通过努力不断提高自己，而且还会使我们产生愉快的情绪体验，积极地看待学习中的成与败。

（1）了解自己的归因倾向

成功或失败的学习体验会影响后继的学习动机，但是体验对学习动机的影响并非绝对，关键是要学会对成功或失败进行合理归因。在面临成功或失败时，高职学生可能会把它们归因于内部因素的作用，如能力或努力等；也可能认为是由外部因素造成的，如任务难度、别人的作用或运气等。对失败的归因方式，一种是认为失败的原因是内部产生的，而且认为造成这种结果的因素是稳定的和不可改变的，如"我没能力学好这门课"；另一种则把失败看作外部因素的结果，如"考试不公平"，以及是不稳定的或可变化的特定时间的结果，如"如果我下次更加努力的话，我就会做得更好"等。

（2）进行积极归因训练

积极归因因素是指把学习成功归为自己的努力、端正的态度和学习方法的正确运用；而把失败归于自己努力不够、学习方法不正确，而不是缺乏能力，更不是社会和教师的因素。积极归因可以通过两种方法来实现：一是观察成功的榜样——观察周围成绩优秀的同学努力学习的过程和日常学习的安排，使自己明白出色的成绩是建立在不懈地努力和不服输的意志基础上的，以此来鼓励和调动自己学习的积极性；二是获得成功的体验——从基础知识、简单的内容开始学习，当对基本的知识能够应对自如之后，成功的喜悦会把学生带进快乐的天堂。

2.培养学习兴趣

兴趣是最好的老师，可以激发学生的学习热情，明确学习的方向，获得学习的成就。学生一旦对某学科产生浓厚的兴趣，就会以积极的情绪去探究和探索它，就会产生强烈的求知欲望，充分挖掘自己的学习潜能。

（1）寻找学习兴趣

寻找兴趣，确定自己的中心兴趣，这样才能保证学习的针对性和有效性。寻找兴趣点的最好方法是开阔自己的视野，接触众多的领域。高职学生应当更好地把握在校时间，充分利用学校的资源，通过使用图书馆、旁听课程、搜索网络、听讲座、勤工俭学、参加社团活动、与朋友交流、使用电子邮件和电子论坛等不同方式，接触更多的领域、更多的工作类型和更多的专家学者，通过开阔视野和接触尝试寻找属于自己的兴趣。

（2）迁移已有兴趣

兴趣迁移法是利用我们对某些科目的兴趣来带动不感兴趣的科目的方法。在训练兴趣迁移时，可以做好以下三个方面。

第一，问自己是否愿意把这门课学好，并用肯定的语言来回答，比如"我一定能学好物理""我肯定可以理解这篇英语文章"。这样反复默念，给自己积极的暗示。

第二，告诉自己这门课的重要意义。

第三，将学习自己喜欢科目的愉快心态迁移到不喜欢的科目上，让自己在学习该科目时也有一种轻松和愉快的心情。

（3）增强自信心

许多同学正是缺乏学好某门课的信心，产生了畏惧心理，丧失了兴趣。所以要建立起学习的兴趣，可以从增强自信心入手。想象自己曾获得成功的事情，努力回味那种成就感，以获得对学习的兴趣。尽量想愉快的事情，令人愉快的事物能够激发兴趣，如"今天的实验会做得很成功""我今天将再学会20个单词"。让自己知道每天都在超越昨天，树立起"每天多做一点，就是成功的开始"的信念。

3.合理设置目标

目标不仅要明确，而且要设置合理，要从客观实际出发，把目标建立在切实可行的基础上，具体可从以下几点入手：

（1）分析实际

分析实际时需要考虑四个因素，即本专业的总体培养要求；各专业课基本要求及特点；自己现有的知识基础；可利用的时间和精力。

（2）确定目标

目标对动机起引导、激发和维持作用。高职学生可以根据当前社会对人才的要求以及自己的实际需要来制订自己的目标，具体做到以下几点。

第一，对自己有比较正确的认识。每个高职学生只有在充分了解自己的智力水平、学习风格、个性特征、情感特征等的基础上，才能建立正确的自我概念，才能清晰、科学地明确自己的学习目标。

第二，从实际出发。目标定位要准确，太高的目标难以激发学习热情和学习动力，得不到自己和他人的认同；太低的目标则容易影响自己的自信心和自我评价的能力。

第三，突出重点。所谓重点，一是指专业知识体系中的重要学习内容；二是指自己学习中的弱势学科；三是指自己觉得应该列入重点的学习目标。

第四，具体化。高职学生应该具备将大目标分解为具体目标的能力。如具体的课程、内容、时间和要求等。目标越具体，越容易获得信息反馈，越便于对照检查和调整修订。

第五，排除困难和干扰。明确学习目标后，就要把自己的行为置于目标之中。为了实现学习目标，要排除一切困难和干扰。

总之，目标是学习的方向和动力，是制定学习计划的依据，是评价学习效果的标准。

4.做学习的主人

在中学时，相对来讲大多数同学还不成熟，只知道埋头学习，但还没有把学习和祖国的现代化建设真正联系起来，上了高职院校，随着年龄的增长，他们慢慢地产生社会责任感，知道学习不是个人的事情，自己的成才实质上是社会的需要。高职学生只有将自己作为学习的主人，才能产生强烈的学习动机。

六、学习的策略

在高职学生群体中，许多老师都会发现其中有部分学生学习很刻苦，但考试和解决实际问题时往往无从下手。导致这种现象的原因多种多样，但是学习策略的运用不当是主要原因。常见而有效的学习策略主要有以下几种：

（一）元认知策略

元认知策略就是学习者对自己的学习过程进行指导、监控与调节的高级学习策略。概括起来，元认知策略可分为以下三种。

1. 计划策略

计划策略包括设置学习目标、浏览学习材料、产生待回答的问题以及确定学习步骤的过程。策略水平高的学生并不只是被动地听课、做笔记和等待教师布置作业，他们会预测完成作业需要多长时间，在写作前获取相关信息，在考试前复习笔记，在必要时组织学习小组，以及使用其他各种方法。一般而言，制订学习计划时应该考虑：学习目标的制订（要有可行性、具体性、弹性）、学习时间的分配与管理（要采取求实策略、差异策略、充分策略）。例如，高职学生通过网络参加课程学习，其学习计划处理包括提高自己制订学习计划的能力；通过"计划—监控—调节"三个环节往复循环，改善坚持完成学业的态度；提高学习兴趣，以激发和维持学习动机，实现学习目标；提高有效的网上学习能力，不受娱乐性网页等的影响。

2. 监控策略

监控策略包括对材料进行自我提问、阅读时对注意加以跟踪、考试时掌控自己的速度和时间。这些策略使学习者警觉自己在注意和理解方面可能出现的问题，以便找出来，并加以调节，因而不同于对整个认知活动过程的监控。具体包括领会监控、集中注意及调节监控三个方面。一些研究表明，从幼儿到高职学生有许多人都缺乏领会监控技能，好多学生总是把重复（如再读、抄笔记等）作为他们的主要策略。对此，德文建议他们使用以下策略以监视并提高他们的领会程度：变化阅读的速度、中止判断、猜测、重读较难的段落。

对于注意力，柯诺指出，注意力关系到自我管理的问题，教师需要教学生一些抑制分心的学习策略，来帮助他们对行为进行自我管理和自我调节。

3. 调节策略

调节策略与监控策略有关。譬如，当学习者碰到自己不理解的学习材料时，或者退回去重读困难的材料，或者跟别的学习者交流讨论，或者请教老师；在阅读困难或不熟的材料时，将自己的速度放慢下来；对于不懂的课程材料，会花更多的时间和精力进行复习；测验碰到难题，会先做简单的题目等。调节策略能帮助学生矫正他们的学习行为，使他们补救理解上的不足。

（二）精细加工策略

精细加工策略是指学习者主动把所学的新信息和已有的知识联系起来，增加新信息的含义，从而促进新知识的记忆和理解的学习策略。精细加工策略的关键在于怎样将所学的新信息与头脑里已有的经验联系起来，充分利用已有的经验来理解新信息，使新信息合理化，而且和其他信息的联系越多，能回忆出的信息原貌的途径就越多。另外，学习之前给自己提问题，也有助于后来的回忆。一般的精细加工策略有许多种，其中好多被称为记忆术。运用比较广泛的一般记忆术有谐音法、形象联想法、歌诀、列提纲、归类、画图、联系生活实际、关键词法、首字连词法等。

（三）阅读策略

美国依阿华高职院校的学者罗宾森设计提出了SQ3R五步阅读法，它们分别是浏览（Survey）、提问（Question）、阅读（Read）、背诵（Recite）和复习（Review），SQ3R就是这五步英文字母的缩写。在此基础上，很多研究者提出了PQ4R、OK5R等方法。

1.PQ4R法

PQ4R法是由托马斯与罗宾森提出的，共分为六个步骤。

（1）预习（Preview）：快速浏览材料，对文章的组织结构、基本观点和标题等有一初步了解。

（2）提问（Question）：针对阅读内容进行自我提问，像"谁""什么""什么时候""为什么""怎么样"等问题。

（3）阅读（Read）：针对问题进行阅读，搜寻主题思想及其相关论点，不宜大量做笔记。

（4）反思（Reflect）：对阅读的材料进行深入思考，促进理解，运用的方式包括把现在所学内容与学习者已有的知识相互联系起来，把课文中的细节和主要观念联系起来，设法应用所理解的材料等。

（5）背诵（Recite）：复述时可以用标题、关键词等作为标识来加以引导。

（6）复习（Review）：整合前面有关内容，形成对材料的整体认识。

2.OK5R

OK5R体系是将思考安排进学习方法初次尝试的结果。这个体系的想法是从鲁宾逊教授的SQ3R体系中获得的。

（1）纵览（Overview）：一般观察，也是一章节纵览。

（2）提出关键点（Key idea）：中心思想，主要任务就是把中心思想和大量论据分开来。

（3）阅读（Read）：是帮助阅读没有或只有很少标题的章节。

（4）摘录（Record）：在阅读的基础上把文章中主要的内容摘抄下来或在脑中重点加以阅读理解。

（5）背诵（Recite）：为了避免遗忘，就得背诵。

（6）复习（Review）：是巩固学习内容必不可少的手段。要不时复习，使你的记忆力保持较高的水平。

（7）反思（Reflect）：对整个阅读过程进行反思，把学习过的概念从章节和书本中解脱出来使它们变成自己的知识。

（四）复习策略

由于短时记忆的容量有限，必须采取复述的方式才能将信息长时间地保持在短时记忆中，并进入长时记忆。为了避免遗忘，就要通过复习的方式来巩固记忆。根据艾宾浩斯的实验研究表明，遗忘发生的进程是不均衡的，即先快后慢，刚开始遗忘得多、快，而后遗忘得少。因此采取适当的复习策略可以克服遗忘，即在遗忘尚未产生之前，通过复习来避免遗忘。

1.复习的时间

观察德国心理学家艾宾浩斯的遗忘曲线，我们不难发现人类有这样的遗忘规律——先快后慢。根据研究，遗忘速度最快的时间区段是20分钟（遗忘42%）、1小时（遗忘56%）、24小时（遗忘66%）；2～31天遗忘率比较稳定，在72%～79%之间。我们刚刚学习了新的知识后，如果不及时进行复习的话，那么在几天的时间内我们就会将所学知识遗忘大半；而如果我们能够抽出一定时间及时进行复习，我们就不容易忘记了。所以，高职学生应该注意及时复习和系统复习。

当然，也不是间隔的时间越短，复习的效果就越显著。有科学研究发现，最佳的复习时间间隔为10小时，也就是说，我们在学习新知识10小时后进行复习，效果最佳。根据有关研究，按照下面的方法进行复习，能够有效地对抗遗忘。

第一次复习：学习结束后的5~10分钟。

第二次复习：学习当天的晚些时候或学习结束后的第二天。

第三次复习：一个星期后。

第四次复习：一个月后。

第五次复习：半年后。

2.复习的次数

有人通过实验研究发现，超额学习的次数越多，保持的成绩越好，而且保持的时间越长。这就涉及过度学习的问题。所谓过度学习是指把练习进行得超过那种刚好能回忆起来的程度，其目的是要强化记忆。这种重复学习绝不是无谓的重复，相反，它可以加深记忆痕迹以增强记忆效果。心理学家的实验证明，低度学习的材料容易遗忘，过度学习的材料则保持得好一些。由于过度学习记忆是一种机械记忆，一般用于对材料的复习。这就需要强迫自己去记住那些不易记住而又必须记住的材料，其主要特点是反复记忆，多花时间，还要掌握一些记忆的基本技巧，闭上眼睛想，拿起笔来写，讲给别人听。过度学习次数与保持成正比，即复习次数愈多，记忆保持率愈高。但过度学习用得过多，超过范围，则会出现"报酬递减"的情况。实验证明，假如以数字100表示为适足，即刚好能背诵时所花时间，则过度学习在100~150之间的最为经济，150~200的学习不够合算，150是最佳时间或次数。

3.复习的方法

选择有效的复习方法可以提高记忆效果。研究发现，许多人经常反复地阅读某种材料，以期达到记忆的目的。其实，这并不是一个非常有效的复习方法，它容易引起疲劳和烦躁感，从而影响学习效率。而可取的复习方法是在原有材料的基础上加入新的信息。根据遗忘规律，可采取"先密后疏"的复习方法。开始时，可以将两次复习之间的时间间隔设置得短一些，每次复习的遍数相应地也要多一些，随着对复习内容掌握得愈来愈好，复习的时间间隔可以逐渐拉长一些，重复的遍数相应地也可以变少一些。遇到复习的内容多的时候，复习时间需要安排分散一些。采用尝试回忆的方法也有助于提高复习效率。此外，还应尽量地调动起多种感官来共同地参与记忆，做到眼到、口到、耳到、手到、心到。

（五）问题解决策略

能否成功地解决问题，既取决于个体所拥有的相关知识，又取决于个体的解题策略。解题策略通常有两大类：一类是通用的一般思维策略，不受具体问题的限制；另一类是适合于某一学科的问题解决的具体思维策略，与具体的学科内容有关。

1.一般策略——IDEAL
IDEAL是布兰斯福德等人提出的解决问题的一般策略，它有以下五个步骤。
（1）识别（Identify）：注意到、识别出所存在的问题。
（2）界定（Define）：确定问题的性质，对问题产生的过程和产生的原因进行解释。
（3）探索（Explore）：搜寻解决问题的可能方法。
（4）实施（Act）：将解决问题的方法付诸实施。
（5）审查（Look）：考察问题解决的成效，搜集有关的反馈信息，以便为进一步改善解决方法、更有效地解决问题奠定基础。

2.具体解题策略
根据有关研究，解题策略一般包括下面四步。
（1）提：提出问题。
（2）判：判明问题的性质。
（3）选：选择算法。
（4）找：寻找已知数，依据关系公式，逐项查明所需的已知数是否具备，如果具备，就可以解决问题。

总之，学习策略构成高职学生学习能力的重要组成部分，为了自身的成长与完善，更好地适应和改造环境，以促进社会的进步和发展，高职学生了解并充分利用有关的学习规律，提高学习效率是相当有必要的。

七、高职学生的学习

（一）高职学生学习的普遍特点

高职学生学习的普遍特点主要包括以下几方面（图3-3）。

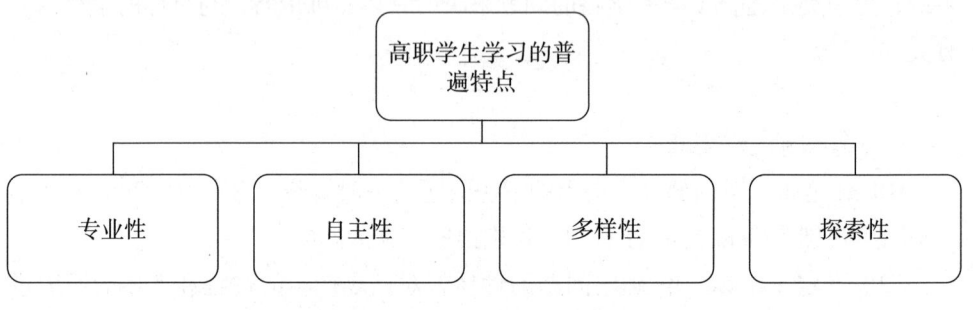

```
                高职学生学习的普
                    遍特点
        ┌───────────┬──────────┬──────────┐
      专业性       自主性      多样性      探索性
```

图3-3　高职学生学习的普遍特点

1.专业性

进入高职之后，每个人都要根据自己的兴趣、爱好等选择自己所要学习的专业方向。高职学生要在专业定向的基础上学习各类知识，努力把自己培养成为社会需要的合格人才。

2.自主性

高职阶段的学习虽然也强调教师教学的重要性，但是除了在课堂上，其他时间的学习基本上需要学生自己去独立完成，这样一来，高职学生就有很多的时间可以自由支配，这些时间如果安排得好，高职学生能够利用这些时间自主学习，那么高职学生基本就不会出现适应不良的情况，相反，如果这些时间不能被高职学生合理支配，那么就有可能出现适应不良的问题。

3.多样性

之所以说高职学生的学习具有多样性的特点，是因为在高职阶段，高职学生除了可以在课堂上获得知识外，还可以通过阅读、听讲座、上网查资料等途径来学习，这些途径虽然在中学中也采用，但高职学生这些途径被高职学生采用得更多，因为他们有足够的时间去通过这些方式来学习。

4.探索性

探索性是指高职学生在学习过程中对书本结论之外新观点的寻求和钻研。爱因斯坦曾强调教育必须重视培养学生会思考、探索问题的本领。这就要求学生不但要掌握所学的知识，而且要掌握知识的形成过程，了解学科和专业发展状况、存在的问题以及解决这些问题的可能性，掌握学科的研究方法和培养独立思考、探索创新的精神。而死记硬背、缺乏灵活性与创造性的高职学生将会感到压抑和不适应。

（二）高职学生学习的阶段特点

高职学习可分为三个阶段，即进校初期、中期和毕业时期。阶段不同，高职学生的学习特点也不同。

1.进校初期

由于该阶段主要是学习基础理论课，为今后学习专业课打好基础，所以此阶段也称打基础阶段。打基础阶段的学习，需要新同学对知识、信息的理解、掌握能力发生一个质的飞跃。因此，这一阶段的学习需要由依赖教师、书本的模仿、再现知识的机械性，转变为自觉地、独立地获取知识、主动性地掌握信息。

2.进校中期

这一阶段的学习进入了专业基础课程与专业课程的学习阶段。这个阶段要完成由基础知识的掌握提高到实际运用课程或工科技术学科的学习，并获得解决实际问题的能力或实际动手的能力，培养创造精神，明确专业主攻方向，初步形成自己的才能。

因此，高职院校中期阶段异常重要，这一阶段要从以下几方面适应过渡。

第一，学会选择专业主攻方向。

第二，处理好必修课与选修课的关系。

第三，学会搞好课程设计或学年论文。

第四，学会做好实验，写好实验报告，或参加课堂讨论、小型学术讨论会。

3.毕业阶段

这是学生完成学业的阶段，也是从学校走向工作岗位的过渡阶段。此阶段学习最紧张，也是高职学生学习的高峰。因此，这一阶段要求学生具有创新进取精神和成熟的组织管理能力。学习的方式则主要是向工厂、企业及社会获取各种信息、通过毕业设计或毕业论文，全面检查学习的成果及所具备的能力。

（三）高职学生学习的方法

1.自学的学习方法

（1）要自觉培养自学的能力

①培养基础知识的储存能力

基础知识是自学的前提条件，它具有对自学指导、扩展、再生的作用。因此，要储备各种基础知识。

第一，要有意识地回顾、整理已有的基础知识，并与新的有关基础知识结合起来。

第二，对新的基础知识本身，要把握其系统的逻辑结构、层次、基本概念、基本原理或原则定理公式，进而把握各种概念、原理等之间的关系，并将之网络成容易掌握、中心突出的知识体系。

②培养驾驭语言、文字信息的能力

学生的自学对象，主要是书刊，方式主要是看、读、写、练。另外还有有声信息，要靠听获取。因此，要在自己的看、读、写、听、练中，不断提高对语言、文字信息的汲取、辨认、选择、整理的能力。这是自学的一种基本能力。

③培养对知识信息的心理反应能力

这种能力是完善大脑准确、高速处理知识信息功能的条件，是感性、理性思维能力的相互渗透、相互作用的整体效应。这里所说的感性思维，主要是指自学过程中对书本知识的感性洞察能力，对实验、实习的观察能力。感性知识量的积累，会引起质变，萌发同学们的创造能力。

（2）要掌握自学的技巧

自学的技巧比较多，但主要的有下列三个。

①循序渐进

循序渐进，由浅入深，由易入难，从基础知识到专业知识。高职院校的课程，是按照循序渐进的原则设置的。在学习上，跳是跳不过去的，绕也是绕不过去的。唯一的道路，是一步一个脚印地循序渐进。高职学生们在学习中要克服好高骛远，急于求成，一步登天，一蹴而就的思想，克服见到困难绕着走，弄不懂就"跳"过去的思想；要踏踏实实，认认真真地学好基础知识及专业知识。

②多疑好问

学问，要学要问。最善于问的人，往往是学得最好的人。学习，就是由不知到知。不知，就是问题，有疑就问。问号是打开科学大门的钥匙。如果通过询问，你把一个个问号拉直，变成了惊叹号，你就大有进步。当然，问要问在点子上，问在关键处。不要钻牛角尖，那样会耗尽精力而进步不大。

③专深博闻

所谓专深博闻，就是专业范围之外，你尽可能多懂一些。当代科学的特点是分工越来越细。分工精细，越有利于科技工作者集中精力攻关。但是，分工不等于分家，不能"隔行如隔山"。当代科学的另一个特点是彼此交叉，在边缘地带不断产生新的学科。这就要求科技工作者尽量博闻，不只是懂一门科学。高职院校是培养科技精英的园地，是莘莘学子学习知识，打好基础的摇篮。高职学生们在学好本专业知识的基础上，也应重视文史、社会科学知识的学习，文理兼容，会使你如虎添翼，倍感运用自如。

2.教学环节的学习方法

（1）课前预习

预习的目的是提高听课效率，加深对听课内容的理解，培养独立思考能力，赢得时间积累。但是，预习不必太细太深，也不必只图形式，而应是实实在在地思考。具体来说，课前预习应做到以下几方面。

第一，课前预习可以做到心中有数，争取听课的主动权。课前预习对原有知识是一次复习，对于新内容亦有思想准备，容易抓住教师的思路，掌握重点、难点、关键点，同时听课兴趣也会相应提高。

第二，课前预习可以改变学习的被动状态。如果不预习，听课不主动，课后理解不了，作业要花更多的时间，显得时间更紧张，就更谈不上预习，这样循环的结果是更不会争取时间。因此，对于学习困难的同学，预习就显得更为重要。

第三，课前预习有利于提高课堂独立思考能力。预习是一种自学，久而久之，养成良好习惯，独立思考能力会得到提高，在教师的启发下，很容易产生创新灵感。

（2）记笔记

记笔记是高职院校学习区别于中学学习的一个重要特点。高职学生课堂听课，不仅要记笔记，还要学会善于记笔记。记课堂笔记作用很多，如记下课堂讲授的主要内容和思路以备复习；记笔记可以集中听课思想，利于培养逻辑思维能力；记下尚未明白的疑点，有待课后钻研等。可见，记笔记是必要的。正确对待记笔记，要处理好四个关系。

①正确处理快与美的关系

记笔记要力争快、准、美，但对于听课吃力，课堂理解力较困难的同学，以求快和准为主。

②正确处理听与记的关系

课堂上听与记两者关系，以听为主，以记为辅。"听"与"记"的比例，这要因人而异。对于接受力强的人，可多记一点，对于学习较吃力的人，可少记一点，或课后再补记。不记笔记的学习方法是不可取的。

③正确处理该记与不该记的关系

对于定义、定律、定理的推演等可不记，但对于老师指点的承上启下的关键、治学的体会、学科动向的新信息、本章节的重点要点、老师的思路，以及老师所下的结论及对章节的归纳应及时记录。

④正确处理死记与活记的关系

死记，就是为笔记而记笔记，这种方法是不可取的。活记，则是侧重老师的思路，记重点、难点、关键点。长期坚持活记，学习能力会得到较快的提高。总之，记笔记是一种学习功夫，有的同学在谈到记笔记的经验时说："详略得当选择记，结合理解灵活记，板书时间迅速记，不懂问题特殊记"。这个经验可供借鉴。

（3）复习

复习是用来消化、巩固、应用所学的知识的。复习这一环节不仅可以弥补课堂听课的疏漏，更重要的是它可以完成知识的积累。在复习时，要抓住重点。另外，独立思考能力更为重要。因为只有通过积极的思考，才能将所学知识消化、吸收，真正变为自己的东西；只有通过积极的思考，才能真正理解所学的知识，从而把它记住。除了做好及时复习外，还要做好单元复习、阶段复习和期终总复习。在复习时应尽量将相似科目隔开，以避免干扰，提高复习效果。连续复习时间不宜太长，要注意劳逸结合。

八、高职学生学习与心理健康的关系

学习与心理健康的关系是相辅相成的。高职学生的学习，可以促进学生的身心全面发展，而高职学生的心理健康状况及心理发展水平，也对学生的学习有着直接的影响。

（一）学习对心理健康的影响

1.学习对心理健康的积极影响

（1）学习可以挖掘和开发高职学生的潜在智力。每个人都可以通过不断的学习，开发和利用与生俱来、与众不同的智力和潜力。对于高职学生来说，其注意力、观察力、记忆力、思维力以及想象力等，可以在学习的过程中得以发现和挖掘，得到更好地发挥和利用。

（2）学习可以培养和提高高职学生的综合能力。任何人的能力，都只能在实践中得以体现和提高。对高职学生来讲，包括自学能力、思维能力、表达能力、操作能力等都是今后走上社会参加工作所必需的。在学校学习的过程中，重点目的就是开发学生的各种能力。

（3）学习可以健全和发展高职学生的自我意识。学习可以使高职学生掌握并运用科学的认知方法，正确认识和评价自己，正确认识和对待他人，不断地根据现实社会的需要，进行自我调节。

（4）学习可以培植和完善高职学生的健康情绪。健康的情绪对自己对他人都有积极的感染力。学习可以促使高职学生成为懂得生活、善于学习、勤于工作、乐于助人的人，经常体验和感受学习的乐趣和韵味，体验和感受成功的喜悦和快乐。

（5）学习可以调适和维护高职学生的心理健康。学生在学习中开阔了视野，启发了思维，提高了自己的综合素质和能力，有助于心理健康。而学习一些通用的、必要的心理知识，可以给心理以缓冲和调节，维护自己的身心健康。

2.学习对心理健康的消极影响

学习是一个过程，在这一过程中，各种各样的因素也会对心理健康有着消极的影响。

（1）学习负担过重导致心理问题。学习是一项艰苦的脑力劳动，需要消耗大量的生理、心理能量，会带来疲劳和紧张。如果学习的量没有把握好，负荷过重，会使高职学生压力过大而引起身心不适应。

（2）学习方法不当带来的心理困惑。高职的学习方法比中小学更加多样化。有的高职学生满足于死记硬背、题海战术，成绩不理想，产生自卑感，有的甚至因此对学习产生恐惧感和厌恶感。有的高职学生都制订了相应的学习计划，但是"变化比计划快"，学习总显得杂乱无章。学习计划不能有效执行，学习缺乏恒心，容易产生挫折感，久而久之，自然会出现内疚、自责和自卑心理，甚至自暴自弃，影响到心理的健康发展。

（3）学习内容的选择不当造成心理偏差。高职学生的学习内容是非常丰富多彩的，但如果在学习内容的选择上出现问题，涉及不健康、有污染的内容，极容易使抵抗能力较差的学生受到伤害。

（二）心理健康对高职学生学习的影响

从个体心理因素来看，影响高职学生学习的主要因素可分为智力因素和非智力因素。

智力因素是学习的前提条件和基础。但从高职学生这一层面上讲，虽然有的同学入学的起点比较低，但都经历了高考的筛选，智力方面因素的差异应该不大。因此，对学习的影响更多的是非智力因素。

所谓非智力因素，是指智力以外的全部个体心理特征，如学习动机、学习态度、情绪情感、兴趣爱好、意志、个性等因素。非智力因素决定了高职学生学习的价值取向、学习的动力、学习过程的调控和学习的效能，是影响高职学生学习优劣的关键所在。例如，兴趣的培养和激发对于提高学习质量具有十分重要的意义。教育家夸美纽斯指出："兴趣是创造欢乐和光明的学习环境的主要途径之一。"学习兴趣是以学生有所收获为前提的，收获愈多，兴趣愈高，从而提高学习效果。学习兴趣能使人产生积极的情绪体验，降低疲劳度。又如，情感这种非智力因素，它分为情绪和情操两种形式。情绪具有情境性、激动性、短暂性、表现明显等特性，与生理性需要相联系。而情操是习得的、比较高级的情感，它是推动学习的强大动力。

高职学生的心理健康状态良好，可以对其非智力因素产生积极影响，进而对学习产生促进作用。而高职学生心理健康状态欠佳，甚至还有心理疾病，则对其非智力因素产生负面影响，使学生的潜力得不到发挥，妨碍了学习。

第二节　高职学生容易出现的学习问题

一、学习动机不当

学习动机不当有两种情况，一种是学习动机不足，一种是学习动机过强。

（一）学习动机不足

1.学习动机不足的表现

学习动机不足是指一个人在学习方面缺乏明确的目标和方向，缺乏足够的动力和兴趣，从而表现出对学习"没劲头"的行为。具体表现包括以下几个方面。

（1）学习目标不明确

对学习没有正确的态度和观念，没有明确的学习目标和方向，不知道自己要做什么，也不知道该怎么做。

（2）学习习惯不良

缺乏良好的学习习惯，不能充分利用学习时间，经常拖延学习，不按时完成作业，不遵守学习计划。

（3）学习动力不足

学习上没有压力和动力，缺乏竞争意识和自我激励，不积极主动地学习，容易被其他事情分散注意力。

（4）学习兴趣不高

对学习缺乏兴趣和热情，感到学习无聊乏味，没有学习的"劲头"，甚至可能出现对学习厌烦和抵触的情绪。

（5）学习效果不佳

由于缺乏正确的学习态度、良好的学习习惯和充足的学习动力，导致学习成绩不佳，进一步影响学习兴趣和动力。

如果学生缺乏学习动机，他们就可能失去对学习的兴趣和动力，从而影响他们的学习成绩。因此，学生应该尝试找到正确的学习动机。

2.学习动机不足的原因

学习动机不足有多种原因，其中一些常见的原因包括以下几方面：

（1）缺乏正确的学习态度和观念

一些学生可能对学习没有正确的态度和观念，不知道学习的重要性，缺乏明确的学习目标和方向，从而缺乏学习动力和兴趣。

（2）学习困难和挫折

一些学生可能在学习上遇到困难和挫折，例如学习方法不当、学科难度较大、考试成绩不佳等问题，从而产生畏难情绪和自卑心理，影响学习动力和兴趣。

（3）外部因素影响

一些学生可能受到外部因素的影响，例如家庭环境、社会文化、同伴关系等因素，从而影响学习动力和兴趣。

（二）学习动机过强

1.学习动机过强的表现

学习动机过强的表现包括以下几个方面：

（1）过于注重评价学习

学习动机过强的学生往往过于注重评价学习，渴望得到老师、家长或同学的奖励和肯定，然而当他们没有得到预期的夸奖时，会感到沮丧和失落。

（2）自我期望过高

学习动机过强的学生对自己的期望值非常高，定了一个很高的目标，并尽自己最大的努力去实现这个目标，不容许自己有一点失误。

（3）容易感到挫败

学习动力太强的学生总是对自己的高期望感到挫败。当他们觉得自己得不到认可时，这些学生会有一种持续的抑郁、无能和无助感，因为他们有自我堕落的功能，却没有处理自己困难的能力。

（4）完美主义倾向

学习动机过强的学生通常有完美主义倾向，追求完美，害怕失败，不能接受任何的瑕疵和失误。

（5）持续的紧张和焦虑

学习动机过强的学生通常会持续感到紧张和焦虑，因为他们害怕失败，担心自己无法达到预期的期望。

2.学习动机过强的原因

学习动机过强的原因可能包括以下几个方面。

（1）高目标驱使

学习动机过强的学生通常会为自己设定过高的目标，渴望取得优异成绩和表现，以此来满足自己的自尊心和成就感。

（2）不恰当的自我认知

学习动机过强的学生往往对自己的能力和认知不够客观，过分相信自己的能力，忽略了失败的可能性，导致他们在学习中难以接受任何的瑕疵和失误。

（3）社会比较

许多学生都倾向于与他人进行比较，以确定自己的价值和地位。当他们看到别人取得了好成绩或者听到别人的夸奖和表扬时，会感到威胁，并产生追求更好的动力。

（4）过于追求完美

这类学生总是希望做到完美无缺，不接受任何的失败和缺点。这种过于追求完美的想法会导致他们在学习上产生焦虑和紧张，进而影响学习效果。

（5）过度自我关注

学习动机过强的学生通常过度关注自己的表现和成就，而忽视其他方面的发展，如兴趣爱好、人际关系等。

（6）焦虑和压力

学习动机过强的学生通常会感到焦虑和压力，他们担心自己无法达到预期的期望，因此需要不断地努力和奋斗来缓解这种焦虑和压力。

二、学习适应不良

（一）学习适应不良的表现

1.学习环境不适应

进入高职学校后，由于学习环境和学习方式的变化，原高职学生的自尊心受到了挫伤,优越感荡然无存,如若不能正确对待,很容易由"自尊"转为"自卑",常常由于"理想之我"与"现实之我"的矛盾,而处于苦恼不安之中,甚至对学习失去信心。

2.学习方法不适应

自觉自主的学习是高职学习活动的核心。面对不断增加的新课程,日益加深的学习内容,不少学生学习方法不当,几次考试成绩不理想,便对今后的学习产生很大的心理压力。心理素质差的整天垂头丧气,情绪低落。更有甚者,会由此发展成为精神崩溃,甚至轻生,而心理素质较好的学生,则会努力去适应学习方法的变化,将压力变为前进的动力,从而激发自己的学习热情。

3.专业学习不适应

高职学生的学习有一定的专业方向,是围绕着培养目标进行学习的,所以说,专业学习是高职学生成才的需要,是高职学生走向成功、实现理想的重要起点。但新生入校后,有不少学生对自己所学的专业没兴趣。甚至一上专业课就头痛,有的认为自己的兴趣、爱好都不在此,为此感到前途渺茫,导致学习动力不足。有些人因此变得消沉或厌学,学习情绪低落,学习成绩上不去。此外,还有些高职学生对感兴趣的东西花大量的时间去兼顾,为此占用了大量学习专业课的时间,导致专业考试不及格,于是,人总处在烦躁不安、怨天尤人的状态之中,结果是专业学不好,爱好也没有兼顾到,最终毁了自己。

4.自主择业不适应

随着毕业生就业制度改革的不断深入,多数学生在毕业后将在国家有关政策指导下,通过人才市场自主择业。在应聘中,学生的学习状况、专业需求状况和个人素质是决定能否找到满意职业的关键所在,因此,专业对口,企业急需,个人素质好,实际工作能力强的毕业生普遍受到用人单位的欢迎。反之,用人单位则不愿意接收。这种双向选择的竞争态势,直接影响着在校高职学生,并给部分学生造成心理压力。在竞争中成才,已成为高职学生的普遍心理,这本是市场经济的必然要求,但有的同学在竞争的学习氛围中,却表现出一种畏惧心理。另外,比较容易的专业,学生学习积极性就高。反之,冷门专业,择业比较困难的专业,这些专业的学生补考率往往高于其他专业的学生,有的学生甚至留级、退学。

（二）学习适应不良的原因

1.客观因素

相对于中学来讲，高职的学习在教学特点、方式和内容上有着很大的不同。高职学校的教师上课时来，讲完就走，一堂课讲述的内容多，而且有时会与教科书上有出入，注重教学的内在逻辑严谨，而不太注意学生的反应。另外，在陌生的新环境中，一切要从头开始，从自己做起，这种巨大变化，给心理素质尚未成熟的新高职学生带来了情绪的波动和不安，从而影响了学习的正常进行。

2.主观因素

一般来讲，高职学生的自我意识觉醒，独立的成人意识强烈。但是由于现在的高职学生绝大多数是从中学直接升入的，生活的阅历浅、经验少，形成了强烈的成人认同意识与欠缺丰富的社会经验之间的矛盾。加上中学时在高考竞争的压力之下，无论是学校还是家庭，大多是只重视知识的学习，强调分数，而忽视了能力的培养，这就使得高职学生虽然有着强烈的成人意识，但在心理上仍然不自觉地对父母、师长有着强烈的依赖性。在学习上，还希望教师的日日在侧，父母天天督促，因而在现实的学习生活中感到很不适应，产生了消极甚至厌烦的情绪，妨碍了学习。

三、学习焦虑

学习焦虑是指学生在学习过程中产生的焦虑症状，学习焦虑通常是一种心理障碍，可能对学生的身心健康和学习效果产生负面影响。

（一）学习焦虑的表现

学习焦虑是一种常见的心理问题，通常表现为以下几个方面：

1.对学习任务的过度紧张和焦虑
学生会对学习任务产生过度的紧张和焦虑，担心自己不能按时完成任务或者担心任务太难而产生挫败感。

2.注意力难以集中

在学习时,学生容易因为焦虑而分散注意力,难以集中精力完成学习任务,从而影响学习效果。

3.记忆力下降

焦虑情绪可能干扰大脑的记忆过程,导致学生记忆力下降,从而难以掌握知识和技能。

4.对考试成绩的过度担忧

学生可能对考试成绩产生过度的担忧和焦虑,担心自己的成绩不够好或者担心失败而感到紧张和恐惧。

5.容易被负面情绪困扰

在学习过程中,学生可能因为焦虑而陷入负面情绪的困扰,如沮丧、焦虑、压力和恐惧等。

6.出现一系列身体症状

学习焦虑还可能引起一系列的身体症状,如失眠、头痛、胃痛、心慌、手汗等。

（二）学习焦虑的原因

学习焦虑的原因是多方面的,主要包括以下几方面。

1.生理因素

学习焦虑可能受到遗传因素的影响,例如家族中有焦虑症患者或者个体存在生物学上的易感性。此外,身体状况也可能造成学习焦虑,如慢性疾病、药物副作用、睡眠不足等。

2.心理因素

学习焦虑的心理因素包括自尊心不足、缺乏自信、对失败的恐惧、对未来的不确定感等。此外，对学习任务的过度期望、对成绩的过度担忧、对考试失败的过度恐惧等也容易导致学习焦虑。

3.环境因素
学习焦虑的环境因素包括学习压力、人际关系问题、家庭背景等。例如，家庭环境的不稳定、亲子关系的冲突、同伴之间的竞争和排斥等都可能引发学习焦虑。

4.心理疾病
某些心理疾病也可能导致学习焦虑，如焦虑症、抑郁症、广场恐惧症等。

四、学习疲劳

学习疲劳是指在学习过程中，由于心理或生理方面的原因，导致学习效率降低，出现身心疲乏、注意力不集中、记忆力下降等症状。

（一）学习疲劳的表现

学习疲劳的主要表现包括以下几方面。

1.生理疲劳
表现为身体局部和全身的疲劳，如感到身体僵硬、腰酸腿疼、眼晕头痛等。

2.心理疲劳
表现为心情差、思维迟缓、意志力下降、注意力难以集中等。

3.效率下降
学习或工作的时间延长，付出努力增多，但效率反而下降，成果不尽如人意。

4.动机下降

对学习或工作的热情减少，兴趣降低，甚至产生厌倦情绪。

5.情绪波动

容易出现情绪波动，如感到焦虑、沮丧、烦躁等。

6.健康状况恶化

学习疲劳可能导致身体免疫力下降，健康状况恶化，容易生病。

（二）学习疲劳的原因

学习疲劳的原因可能是多方面的，主要包括以下几方面。

1.学习方法不当

学习方式不适合个人学习习惯，或者学习任务过重，导致心理压力增大，出现疲劳症状。

2.缺乏兴趣和动机

学习者对学习内容缺乏兴趣和动机，导致注意力不集中，记忆力下降，出现疲劳症状。

3.身体状况不良

学习者身体状况不良，如睡眠不足、营养不良、缺乏运动等，也会导致学习疲劳。

4.心理压力过大

学习者面临的心理压力过大，如情绪波动、人际关系紧张等，会导致学习效率降低，出现疲劳症状。

5.环境因素

学习者所处的环境不利于学习，如噪音、光线、温度等，也会导致学习疲劳。

建议学习者回顾自己的学习过程，分析可能导致疲劳的原因，并采取相应的调整措施。同时，还应该保持良好的生活习惯和健康状况，保证身体和心理的健康。

五、学习无助感

（一）考试焦虑和怯场

考试焦虑是指因各种原因造成的情绪紧张致使原来已形成的熟练的识记内容不能重新再现。严重焦虑会导致应试中出现"晕场休克"。其实，应试时的紧张感是一种正常的应激，指由外界情况变化所引起的一种情绪表现。考试焦虑和怯场的原因有以下几个方面。

1.缺乏自信

有些同学由于种种原因曾经经历了考试失败的打击，这在心理上就会形成失败定式，即以前具有的解决类似问题的经验，对后来解决类似问题的影响。作为失败定式——"上次没考好……"，会像个阴影一样干扰和妨碍自己，于是打破了心理的稳定性，分散了精力，在考试中遇到问题时，就会联想曾经有过的失败，由此产生恐惧和慌张，从而影响考试水平的正常发挥。

2.动机超强

对考试成绩的要求很高，把分数看得过重。在这种强烈的动机促使下，造成精神的极度紧张，过分担忧自己考试的成败。而进入考场中，一旦真的遇到难题，更是联想万千，从而影响了应试的正常顺利进行。

3.身心过度疲劳

一方面，作为正常的应试，已使自身在体力和体能上有所消耗，考试本身就让人有一种压力感和紧张感，所以，每当考完最后一门课时，都会感到很轻松；另一方面，是人为的紧张因素。为了能考得好，拿高分，有的同学打乱了以往的生活规律，头悬梁，锥刺股，夜以继日地复习，使得身心极度疲劳，因而产生了负诱导。即在大脑皮层的兴奋点周围产生抑制作用，抑制兴奋过程的扩散，这也是大脑的一种自我保护功能，而且这两种神经活动过程永远是相互引起和加强相互的作用。所以，抑制作用一出现，就会出现记忆再现的障碍。越心急，越加强负诱导，越想不起来就越急，最后达到超限抑制——晕场休克。

（二）作弊心理

作弊有百害而无一利。既欺人，又自欺。不仅妨害良好校风的树立，更重要的是恶化了自己的人格品质，与高职学生本应追求和拥有的真、善、美相去甚远。作弊，在高职院校的考场上颇有市场。每一次考试，总会有人不惜以身试法，并因此而受到处分。而助人作弊者也往往株连难免。大凡作弊者，一般都是以下几种：

一是由于学习动力的缺乏而"混日子"的同学。一入学就等着拿毕业文凭，所以平时学习松懈，考试时不愿费劲，把希望寄托在作弊上，既不费劲，又可及格。于是视考场纪律不顾，以身试法。

二是平时学习比较用功，但是自尊心太强，把分看得高于一切，所以唯恐自己的考分低于他人，一旦遇到不顺利时就不惜铤而走险。

三是偶尔为之。所谓一念之差者，比如怯场，本来准备得很充分，却因为过度紧张想不起来了而影响了成绩，太不甘心。

总之，无论出于什么心态，何种原因，作弊者的目的是一致的，就是得到自己所期望的分数：起码及格，力争优秀。所以，在这个目标的驱动和侥幸心理的支配下，选择了一种错误的行为方式。

作弊还有另一方面的问题，就是助人为弊，且人数不在少数。每当因作弊者被抓而自己也受到批评和处分时，总是感到很委屈，甚至产生心理障碍。大凡助人作弊者，一般都出于以下心态。

一是"侠肝义胆"，为朋友两肋插刀。用同学们自己的话说，大家能考上高职院校本已不容易，走到一起更不容易，总不能见死不救啊！怎么也得帮一把。

二是因为不愿为这点"小事""得罪"人，反正我自己没作弊，能帮就帮，否则被称为不近人情，伤害相互之间的感情。

三是功利思想——礼尚往来。今天你有困难我帮了你，今后我有什么麻烦你就可以帮我了，所谓投桃报李，来而不往非礼也。

无论怎样的想法，有一点，助人者都不认为自己是在作弊。虽然也知道这样做不对，但他们认为不对只是违反学校的纪律，从"良心"来讲，还是无伤大雅的。其实，作弊，无论对人对己都是一种欺骗。所以，这种忙不应该帮。

六、厌学心理

厌学是指学生对学习活动产生消极、冷漠，甚至逃避的反应，从而影响学习效果的行为。

（一）厌学心理的表现

厌学心理通常表现为以下几个方面：

1.对学习缺乏兴趣
学生对于学习缺乏兴趣，觉得学习无聊、沉闷，或者觉得学习没有任何意义。

2.对学习产生抵触情绪
学生因为各种原因而对学习产生抵触情绪，不愿意去上学或者觉得学习很痛苦。

3.缺乏主动性
学生在学习上缺乏主动性，不愿意自己主动去学习或者进行相关的练习，需要被不断督促。

4.注意力不集中
学生在课堂上难以集中精力，容易分心、走神，甚至出现逃课、旷课等行为。

5.缺乏成就感
学生在学习过程中难以获得成就感，不愿意为了提高成绩而付出努力。

6.出现消极情绪

学生在学习过程中容易出现消极情绪,如焦虑、沮丧、愤怒等。

7.行为表现散漫

学生可能因为对学习缺乏兴趣而表现出散漫的行为,例如经常迟到、旷课、不完成作业等。

如果出现以上表现,建议学生可以与家长、老师或者心理咨询师进行交流,找到导致厌学心理的原因,并探索解决方法。同时,学生可以尝试通过自我调整、寻找自己的学习兴趣点等方式提高学习效果,从而缓解厌学情绪。

(二)出现厌学的原因

出现厌学的情况有很多种原因,其中常见的包括以下几方面:

1.学习压力过大

学生可能会因为学习压力过大而感到焦虑和疲惫,从而产生厌学情绪。

2.学习兴趣不足

如果学生对于所学的科目缺乏兴趣,就容易出现厌学情绪。

3.人际关系问题

与老师、同学之间的人际关系不和谐或者受到不良待遇,可能会影响学生的学习体验,导致厌学情绪的产生。

4.个人因素

学生的个人因素也可能导致厌学情绪,例如缺乏自信、自我期望过高、缺乏自我调节能力等。

5.生理疾病

某些生理疾病或者身体不适也可能导致学生产生厌学情绪。

第三节　高职学生学习管理的策略

一、确立明确的奋斗目标

确立明确的奋斗目标是高职学生学习管理的重要策略之一。以下是一些建议，帮助高职学生确立明确的奋斗目标并制订有效的学习计划。

（一）自我评估

高职学生应该进行自我评估，了解自己的兴趣、优势和劣势，从而明确自己的学习目标和方向。

（二）明确目标

高职学生应该明确自己的学习目标，包括长期目标和短期目标。长期目标可以是取得优异成绩、获得奖学金等，短期目标可以是完成某项作业、复习考试等。

（三）制定计划

高职学生应该制订有效的学习计划，包括时间分配、任务安排、优先级等，以确保他们在学习中高效地完成任务。

（四）分解目标

高职学生应该将长期目标分解为短期目标，并制订具体的计划和步骤，以确保他们在学习中有明确的方向和行动计划。

（五）反馈与调整

高职学生应该定期对自己的学习情况进行反馈和调整，以确保自己的学习目标和方法是有效的。

（六）持之以恒

高职学生应该坚持自己的学习目标和方法，不轻易放弃，并不断努力和提高自己的学习能力和水平。

（七）寻求支持

高职学生应该寻求支持，包括从老师、同学、家长等资源中寻求帮助和建议，以确保他们在学习中得到必要的支持和指导。

二、培养自己的兴趣

培养自己的兴趣是高职学生学习管理的策略之一。以下是一些建议，帮助高职学生培养自己的兴趣并提高学习效率。

（一）探索自己的兴趣

高职学生应该尝试不同的活动和领域，以了解自己的兴趣和爱好。可以通过参加社团、参加志愿者活动、参加实习等方式来探索自己的兴趣。

（二）保持好奇心

高职学生应该保持好奇心，不断学习和探索新的知识和领域。可以通过阅读书籍、观看纪录片、参加学术讲座等方式来拓展自己的知识面。

（三）建立兴趣小组

高职学生可以组织兴趣小组，与其他人分享自己的兴趣和爱好，并通过协作和交流来深入了解自己的兴趣。

（四）利用学校资源

高职学生应该利用学校的资源，如图书馆、实验室、博物馆等，来深入了解自己的兴趣。

（五）创造机会

高职学生可以参加各种比赛、实习、实践等活动，来发挥自己的兴趣和才能，并提高自己的学习效率和成绩。

（六）平衡兴趣和学习

高职学生应该平衡自己的兴趣和学习，确保在学业上取得良好的成绩。可以将兴趣作为一种奖励和放松的方式，来提高自己的学习效率和积极性。

（七）坚持做自己喜欢的事情

高职学生应该坚持做自己喜欢的事情，并不断努力和提高自己的技能和能力，以确保自己的兴趣成为一种有价值的技能和能力。

三、培养自信心

培养自信心是高职学生学习管理的重要策略之一。以下是一些建议，帮助高职学生提高自信心并更好地管理自己的学习。

（一）认识自己的优点和不足

高职学生应该了解自己的优点和不足，了解自己的学习风格和习惯，这样才能更好地发挥自己的潜力。

（二）寻求支持和帮助

高职学生应该寻求他人的帮助和支持，例如与老师或同学讨论问题、参加辅导或课外活动等，这样能够更好地理解和解决问题。

（三）掌握有效的学习技巧

高职学生应该掌握有效的学习技巧，例如制定学习计划、注重笔记和复习等，这样能够更好地提高学习效率和质量。

（四）接受挑战和困难

高职学生应该认识到在学业中会遇到挑战和困难，并学会接受这些挑战并积极应对，不要轻易放弃。

（五）参与课外活动

高职学生应该积极参加课外活动，通过参与各种活动，拓宽自己的视野和社交圈子，提高自己的社交能力和团队合作精神。

四、顺利完成角色转换

高职生活对每一位新生来说，无疑是一次很大的变化。这就要求我们能尽快调整自己、寻找自己在新的高职学习生活中的最佳位置。具体来说，应做到以下几方面。

第一，要平定情绪，不要被一时的不适应吓倒。"角色转换"在人的一生中要经常出现，其间所出现的不适应到适应是很正常的。

第二，尽快从成功的陶醉和入学的新奇中走出来，使自己及早进入角色中去。

第三，努力去摸索和掌握高职学校学习的特点和规律，做学习的主人。

五、增强学习动力

增强学习动力，从外部的环境而言，需要一种重视教育、重视知识、尊重人才的良好社会氛围和学校浓厚的学习、学术风气。但这得有赖于社会的发展、教育改革的深化，并不是一朝一夕就可以达到的。因此，增强学习动力更需要自身的调节能力。

六、科学运筹时间

英国博物学家赫胥黎有一句非常富有哲理的话："时间最不偏私，给任何人都是24小时；时间也最偏私，给任何人都不是24小时。"也就是说差异在于你是否能合理和充分地利用时间。

对于时间在学习中的价值谁都明白，特别是对于处于集中学习的高职学生而言尤为宝贵。但是，由于一下子从紧张的中学学习进入了宽松的高职学习，一个很明显的感觉——时间特别宽裕，加之目标不明确，于是有些同学总是会"等明天再……"，等意识到了，为时已晚。所以，高职学生应该科学运筹时间，具体来说应做到以下几方面。

（一）要善于安排时间

第一，充分利用有限的时间去多做些工作。
第二，能巧用时间，积少成多。

（二）养成珍惜时间的好习惯

有人说人的一生有三分之二的时间是在睡眠、吃饭和娱乐，真正用于学习和工作的时间只有三分之一。所以，前人才会感叹"一寸光阴一寸金，寸金难买寸光阴。"

（三）丰富充实自己的生活

高职的有形学习只是其生活的一部分，同学们还要善于无形地学习，即生活实践中去提高自己。充实自己的生活，丰富自己的阅历，才能不枉度高职生活。

七、寻找最佳的学习方法

寻找最佳的学习方法，是保证学习顺利进行并且取得良好效果的一个重要前提条件，特别是对高职学生而言。什么是最佳的学习方法呢？其标准一是符合自己的实际情况，二是能提高学习效益。高职学生寻找最佳学习方式应在以下这些方面给予重视。

（一）阅读

阅读是获取知识的必由之路。当今知识的更新与发展越来越迅速，以个人的有限精力一切从头做起是不可能的。所以，掌握阅读的方法，对于学习特别是学习书本知识是十分重要的，尤其是对处在集中学习阶段的高职学生而言。但是，能阅读不等于会阅读。因为对于识字的人来说，阅读是一种自发的活动，凡是识字的人，都能阅读，但是"大多数人不会阅读"。区别就在于"能"阅读的人，读书的过程只是个并不复杂的过程，把自己的头脑变成了名家名著的复印机和保存室。而"会"阅读的人，会在书中找到有利于自身发展的智慧，以此为基础去发挥自己的潜能，为社会作贡献。

（二）积累文献资料

高职的学习以自学为主，它有一位非常好的帮手——图书馆。作为知识的宝库，也可以说它是一位无声的老师。每一位高职学生都应该成为图书馆的朋友和学生。要想充分有效地利用图书馆，应做到以下几方面。

第一，提高检索能力。前人云："凡读书最切要者，目录之学。目录明，方可读书；不明，终是乱读。"

第二，做索引和卡片。把有用的资料按自己的方式做成索引，或是制成卡片，一旦需要的时候，可以及时准确地查找到，提高了学习的效率。

第三，记笔记。俗话说：好记性不如烂笔头。

此外，还有很多的手段。无论是什么，关键在于"勤"：手勤、脑勤，养成良好的习惯。

八、预防、消除心理疲劳

（一）选择良好的学习环境

学习场所整洁、明亮优雅、宁静，避免杂乱、昏暗、吵闹、空气混浊的环境，使人感到心情舒畅，也有利于提高大脑活动的效率。

（二）善于科学用脑

现代科学揭示了大脑两半球的不同功能：大脑的左半球与逻辑思维有关，右半球则与形象思维有关；此外，大脑活动还有一种"优势现象"，即当大脑某一功能区的活动占优势时，可使其他功能区的活动相对地处于休息状态，应该不同学科尤其是文理科穿插进行，就可有效地预防学习心理疲劳，提高学习效率。

（三）注意劳逸结合

大脑神经活动是兴奋和抑制的交替过程，因此，劳逸结合是预防心理疲劳之道。

第一，在学习了一段时间之后可以休息片刻，通过听听歌等办法让自己轻松一下。

第二，在学习之余，可以去参加一些文体活动，使自己的身心得到放松。

第三，一定要保证有充足的睡眠时间。

第四，培养广泛的兴趣，使自己的生活丰富多彩。

九、培养应试能力

（一）养成良好的学习习惯

学习是持之以恒的工作。所谓冰冻三尺，非一日之寒，要达到学习的真正目的，除了靠"歼灭战"，更要有打"持久战"的作风。平时注意养成良好的习惯，应试时才能艺高人胆大，不会被打乱阵脚。

（二）提高应试技巧

对于考试，高职学生应该做好以下几方面。

1.做好考前的准备

第一，系统地整理一学期所学的内容，使所学的内容可以形成一个体系，然后再进行复习。

第二，复习的时候要列一个时间表，合理分配每门课程的复习时间。

第三，临考的前一天晚上再进行最后一次强化，以保证考试可以取得好的效果。

2.合理安排作息时间

第一，作息时间一定要安排好，避免大脑过度疲劳，影响水平的发挥。

第二，临考的前一天一定要有充足的休息时间，保证头脑清醒、精力充沛。

3.正确应对"怯场"

第一,考试时先做有把握或比较简单的题目,这样可以缓解紧张心情、消除紧张情绪,还可以增强自信心。

第二,如果考试中出现"怯场"情况,强烈焦虑、紧张、思维混乱或一片空白,手脚发颤,头昏脑涨,此时应立即停止答卷,伏在桌上休息片刻。同时想一件令你高兴的事,转移注意力使大脑兴奋起来,缓和紧张情绪;或反复自我暗示:"我很安静""我很轻松",并适当地舒展身体;或闭眼、放松、做几次深呼吸,使情绪趋于镇定后再答题。

（三）正确对待考试

高职学生应该以平和的心态来对待考试,要认识到,考试是衡量自己学习好坏的一个重要标志,但不是唯一的标志,考试只是学校教育中的一个重要环节,但一次考试的分数并不能完全反映一个人的真实水平,更不能反映一个人的真实能力,所以,高职学生一定要正确对待考试,应不为分数所累,轻装上阵,沉着冷静地应试。

（四）寻求心理咨询指导

这里指的是对过度的考试焦虑和怯场的同学,必要时,应该寻求专业心理咨询人员的帮助,通过有针对性的科学训练和心理调适改变这种状态,顺利完成考试。

十、掌握学习的原理

高职学生如果能对学习的原理有初步的了解,可以在学习的过程中掌握更多的主动权,有助于提高学习的效果。学习心理学中关于学习理论的论述非常系统且复杂,在此,仅从以下几方面进行简要阐述:

（一）学习的生理机制

关于学习的生理机制的研究，是现代学习心理学的重大课题。一般认为，学习的最基本的生理机制就是条件反射的形成。俄国生理学家巴甫洛夫通过狗对食物之外的刺激产生唾液分泌的现象，建立了著名的条件反射学说，提出了动物与人的学习的神经联系机制，该实验成为心理学研究学习的经典实验。在高等动物身上，条件反射、暂时神经联系的形成主要是在大脑皮层中形成的，是脑的分析综合活动的结果。随着现代科学技术的发展，关于学习生理机制的研究也在不断深入，但需要研究和探索的问题仍然很多。

（二）联结论

该理论认为学习是刺激与反应之间联结形成的过程。代表人物主要是美国心理学家桑代克和行为主义心理学家斯金纳。桑代克在动物学习试验的基础上，提出了学习的尝试错误说。认为学习是一种盲目的、渐进的尝试与改正错误的过程。随着练习，错误的反应逐渐减少，正确的反应得以产生，这样在刺激与反应之间形成了一种稳固的联结，学习即由此产生。该理论强调尝试错误是一种客观存在的事实，有一定的合理性，但它把人和动物的学习简单地等同起来，有机械主义的色彩。斯金纳在操作性条件反射的基础上，提出学习过程实质上就是条件反射，即刺激与反应之间联结的形成过程。他认为学习可分为刺激型条件反射学习和操作型条件学习，以后者为主。操作学习的规律是：如果一个操作发生后，接着呈现一个强化刺激，那么，这个操作的强度，即重复出现该反应的概率就会增强。在此基础上，斯金纳设计出了一整套行为塑造及保持行为强度的新方法，对于了解人的行为、提高学习效率有一定的启示和参考意义。其理论的不足之处是，否定了人类学习中有意识参与的特点。将人的学习简单地归结为机械的操作条件反射。

（三）认知论

认知论是为了反对桑代克的尝试错误说而提出的。所谓"顿悟"就是对问题情境的突然理解，即在学习时，学习者通过对情境的观察，以及对整体的知觉或知觉的重新组织，突然地理解了问题情境中的目的物和获得目的物的途径之间的关系，从而获得了解决问题的方法。该理论强调了观察、理解、顿悟在学习中的重要作用，注意到了学习过程中的主观能动性的作用，但它的不足之处是把学习完全当成是机体的一种组织活动，否认了学习过程是对客观现实的反映过程，否认经验的作用。

第四章 高职学生的人际交往管理理论与策略研究

当今社会,衡量个人能力的一项重要指标就是人际交往能力,人际交往是人健康成长的基本条件。交往是个体发展的需要,离开了人际交往,其心理就不能健康发展,也就不能成为真正的人。高职学生正处于学习知识和不断社会化的过程中,因而高职学生总是会不断地遇到和处理这样或那样的人际关系。正确认识和处理这些关系,对于实现人生目的和人生价值,对于确立正确的人生态度,具有重要意义。

第一节 人际交往概述

一、人际交往的概念

人际交往是人们在生活实践中通过信息传递、情感交流、思想沟通和物质交换等方式所进行的相互影响、相互作用的互动过程。人际交往的结果是形成一定的人际关系。所谓人际关系,是指人们在交往活动中建立起来的直接的心理上的相互联系。它主要表现为需要的满足与否，情感上的依赖与拒斥，人与人之间的吸引与排斥、亲近与疏远等心理体验状态。

二、人际交往的理论基础

人际交往的理论基础有很多，其中最为重要的有以下两个。

（一）人际需要的三维理论

社会心理学家舒茨提出了人际需要的三维理论，他认为每一个个体在人际互动过程之中，都有情感需要、包容需要、支配需要这三种最为基本的心理需要。

1. 情感需要

个体在人际交往中建立并且维持与他人亲密的情感联系的心理需要，便是情感需要。在个体早期的生活经历之中，适当的关心和爱，可谓是个体形成理想的个人行为的重要因素之一。只有个体在得到充分的关心和爱之后，他们才会善待自己和他人，合理地表现自己的情感和接受别人的情感，与他人最终建立良好的人际关系。

2. 包容需要

个体想要与人接触、交往，并加入某个群体，从而与他人建立、维持一种满意的相互关系的心理需要，便是包容需要。其表现形式通常有主动与被动两种：主动包容，即个体自己主动想与他人交往、相容，表现出积极的态度；而被动包容则指个体期待他人能够接纳自己，总是体现出一种消极、退缩的态度。在个体早期，家庭教养方式对其人际交往的影响颇大。如果父母与孩子交往过少、过密，都不利于个体形成十分理想的社会行为。只有父母适当的陪伴、沟通，才能使孩子具有主动的包容需要，从而在其未来的生活、学习和工作中，产生良好的人际关系。

3. 支配需要

个体控制别人或者被别人控制的心理需要，便是支配需要。在个体早期的生活经历之中，假如成长在既有规则，同时又有自由的民主气氛的环境中，那么其便会形成既乐于顺从又可以支配的民主型行为倾向。如此一来，个体就可以按照具体情况来适当地确定自己的地位和权力范围，也就能合理地解决人际关系中与控制相关的问题。这也正是所谓的"在其位，谋其政""不在其位，不谋其政"。

综上所述，人际需要一旦不能得到充分满足，那么就很可能导致个体产生人际交往的心理障碍或其他心理问题；个体早期的人际需要的满足程度及由人际需要形成的行为方式，对个体在未来的人际关系中有着重大影响。

（二）社会交换理论

美国社会学家霍曼斯提出了社会交换理论，他在解释人的社会行为时，引用了经济学领域中的概念，他主张社会互动行为可以被理解为一种商品交换的过程。当然，这里人与人之间的交换并不只是物质商品上的交换，而是涵盖了信息、地位、情感、荣誉等诸多非物质内容的交换。不仅如此，与商品的交换原则一样，人际交往之间也应是等价的、公平的。当人与他人进行交往时，总是希望获取一些利益，并且也准备给予他人一些回报。

社会交换理论强调，公平性是人际交往的关键因素之一。毕竟公平可以使人建立起一种相对稳定和愉快的关系，不公平则会让交往双方都可能产生不悦的情绪，从而影响他们之间交往的融洽性。

三、人际交往的本质

（一）人际交往是一个互动的过程

人际交往作为信息传递、情感交流、思想沟通和物质交换的活动，离不开交往双方的相互影响和相互作用。假如只有信息的发出者（主动交往者），没有信息的接收者愿意与你交往，即接收信息，交往是不可能发生的。由于作为交往双方的主体都是具有主观能动性的人，因此交往对象的回应影响交往活动的过程以及发展趋势。没有交往双方积极交往的意愿和积极、主动地参与交往活动，人际交往活动是不可能发生的。

（二）人际交往是一种相互沟通的过程

人际交往需要双方的互动，而互动的实质便在于沟通，因此，有人把交往也叫沟通。交往过程是一个信息传递、情感交流的过程，对于传递的信息和情感需要双方的正确理解和有效反馈。没有真正的沟通也就没有真正的交往。能否真正地沟通，一方面取决于双方有没有交往的意愿，另一方面更取决于双方的理解能力。如果对方不能正确理解我们传递的信息，或者对信息产生误解，那么我们便可能会说与他（她）没有办法沟通。一旦不能沟通，交往起来就会非常困难。人际交往正是借助于真正的沟通才能彼此接受、相互理解和共同提高，否则可能造成徒有交往之名，而无交往之实。

四、人际交往的原则

人际交往的原则主要包括以下几方面（图4-1）。

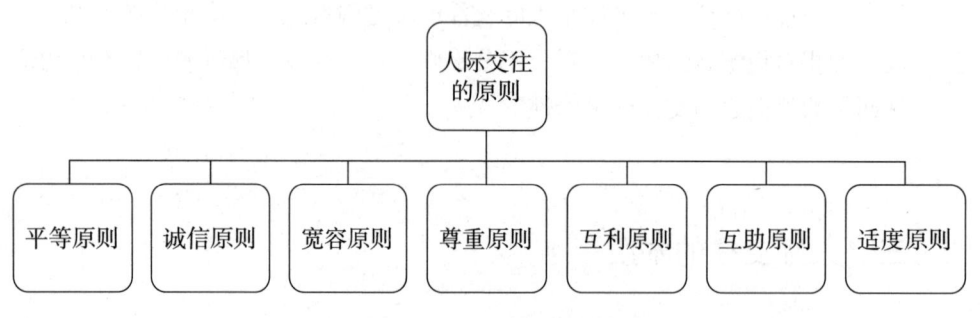

图4-1 人际交往的原则

（一）平等原则

平等原则是指在交往中不应该因为身份、地位、经济状况、职业等方面的差异而区别对待，每个人都应该受到平等的尊重和待遇。在人际交往中，要遵循平等原则，不要因为自己的优越感而高人一等，也不要因为自己的自卑感而低人一等。只有建立起平等的人际关系，才能让交往更加真实、和谐、愉快。

同时，平等原则还体现在要尊重他人的权利和意愿，不要轻易地干涉别人的决定。在交往中，还要学会换位思考，理解别人的难处和苦衷，从而更好地关心和支持他人。

（二）诚信原则

诚信原则在人际交往中起着至关重要的作用，是交往的基础和前提。诚信原则要求人们在交往中要做到诚实、真诚、守信用，即要做到言行一致、不欺骗、不隐瞒、不违约。只有遵守诚信原则，才能建立起彼此信任、互惠互利、相互尊重的良好人际关系。

在人际交往中，遵守诚信原则还体现在要说老实话，办老实事，做老实人，言行一致，言出必行。同时，还要尊重他人的权利和利益，不损害他人的名誉和利益，不随意泄露他人的隐私。

总之，诚信原则是人际交往中不可或缺的重要原则，它不仅能帮助人们建立起良好的人际关系，还能让人们在交往中获得他人的尊重和信任，提高自己的人际交往能力和素质。

（三）宽容原则

宽容原则是人际交往的重要原则之一。它包括对非原则性问题不斤斤计较、宽以待人、求大同存小异等方面。宽容可以使人在人际交往中更豁达，更宽容，更理解他人，从而建立起良好的人际关系。在人际交往中，宽容原则还体现在不要挑剔别人的缺点和错误，而是要学会欣赏别人的优点和长处，以宽广的胸怀来面对人际交往中的各种问题和挑战。

（四）尊重原则

尊重原则包括自尊和尊重他人两个方面。自尊就是在各种场合都要尊重自己。尊重他人就是在人际交往中，要尊重他人的感受和权利，不要轻易地打断别人的讲话，不要嘲讽、歧视他人，更不要以自己的标准去评判别人的优劣。同时，尊重原则还体现在要遵守社交礼仪，不要随意侵犯他人的隐私，不要做出不礼貌的行为。在交往中，还要学会欣赏别人的优点和长处，不要过于关注别人的缺点和错误，从而建立起健康、良好、平等的人际关系。

（五）互利原则

互利原则包括相互尊重、相互理解、相互信任、相互帮助、相互学习、相互促进等方面。在人际交往中，要尊重对方的权利和利益，理解对方的难处和苦衷，信任对方的人品和能力，维护双方的共同利益和促进双方共同成长。只有通过互利合作，才能建立起长久、稳定、和谐的人际关系。

同时，互利原则还要求人们在交往中要保持公平、公正、公开，不要利用自己的优势地位来压迫他人，也不要过分依赖他人的帮助来满足自己的需求。在交往中，人们还要学会保护自己的权益和利益，不要轻易地牺牲自己的利益来迎合他人。只有通过互利合作，才能实现双方的共同发展和共同进步。

（六）互助原则

互助原则是指在交往中要互相帮助、支持和协作，建立起良好的合作关系。在人际交往中，互助原则体现在方方面面，例如在工作和学习中互相帮助，在生活中互相照顾，在困难和挑战面前互相支持和鼓励。只有通过互相帮助和支持，才能建立起紧密的人际关系，让交往更加有意义、有价值。同时，互助原则还要求人们在交往中要尊重他人的感受和需要，主动帮助他人解决问题和困难。在交往中，人们还要学会包容和谅解，不要轻易地抱怨和指责他人，从而建立起互信互敬的人际关系。

（七）适度原则

适度原则包括距离适度、情感适度、言语适度等方面。在人际交往中，要保持适度的距离，不要过于亲近或疏远，不要轻易地透露自己的隐私。同时，要保持情感适度的原则，不要过于热情或冷漠，要保持适当的关心和关注。在言语方面，要适度地表达自己的意见和情感，不要过于刻薄或有攻击性，也不要过于谦虚或冷漠。

此外，在人际交往中，还要注意时间适度、场合适度、程度适度等方面，不要在不适宜的时间和场合表达自己的情感和意见。只有遵循适度原则，才能建立起健康、良好、和谐的人际关系。

五、人际交往的功能

人们只有在交往过程中,才能保证共同活动和目标的实现。人际交往具有以下功能(图4-2)。

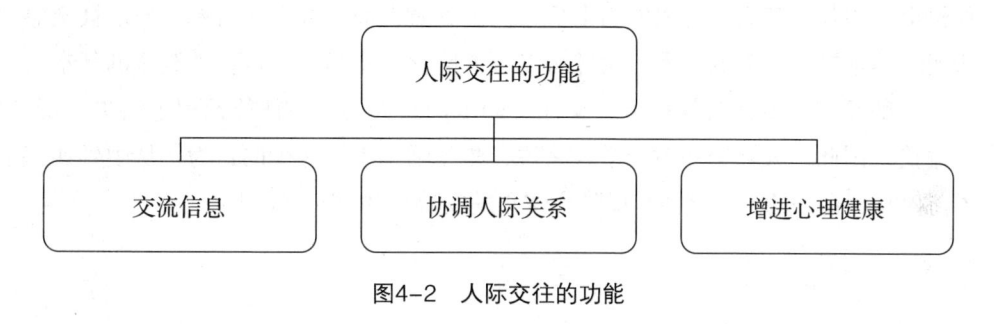

图4-2 人际交往的功能

(一)交流信息

通过交往,人们能很快地沟通信息、增长知识、启发思考。交往是一种思想交换的过程。信息沟通是人际交往的重要功能。每个高职学生不仅应从书本上学习知识,而且还应当在人际交往中学习知识,值得注意的是,在人际交往中,往往能学习到书本学不到的东西。在学校,除了同学之间、师生之间的交往外,还应当参加一些以学习为目的的郊游、参观、社团活动等,在有组织的活动中进行各种各样的思想交流,以达到相互学习、相互理解、提高能力、丰富情感的目的。

(二)协调人际关系

人际交往具有能够使团体或组织内部各个个体之间保持行动上的协调和默契,以保证实现共同目标的功能。共青团中央组织的青年志愿者活动,吸引了许许多多的高职学生。他们自愿结成活动小组,为社会服务。在服务中,他们加强了与社会的交往,而且内部成员之间也结成亲密的朋友。当代高职学生的心理特点之一,是希望通过自己的人际交往,结识更多的朋友,增进自己的社交能力,更好地适应社会,更好地为社会服务。

（三）增进心理健康

交往需求在人的需求结构中占有相当重要的位置。如果这一需求得不到满足，就会出现孤独、忧伤、惊恐、急躁等情绪，从而导致心理疾病。有人研究了孤儿院的儿童，发现孤儿们由于过着平静而孤单的生活以及缺乏应得的关爱和社会交往机会，不仅在智力、言语能力上低于同龄儿童，而且社交能力差，缺乏社交愿望或狂热地要求他人的关爱。由此可见，人际交往也是人维持精神健康的基本需要。一般说来，交往时间较多、交往空间范围较大的人，往往精神生活更丰富、更愉快。因此，人际交往对于个人来说，是生活中不可缺少的行为，从生到死都不能停止，良好的人际交往是保障个体心理发展与健康的重要手段。

六、人际交往的过程

人际交往是由信息交流、动作交换和相互理解三个过程构成的复杂活动，这三个过程在人际交往中缺一不可（图4-3）。

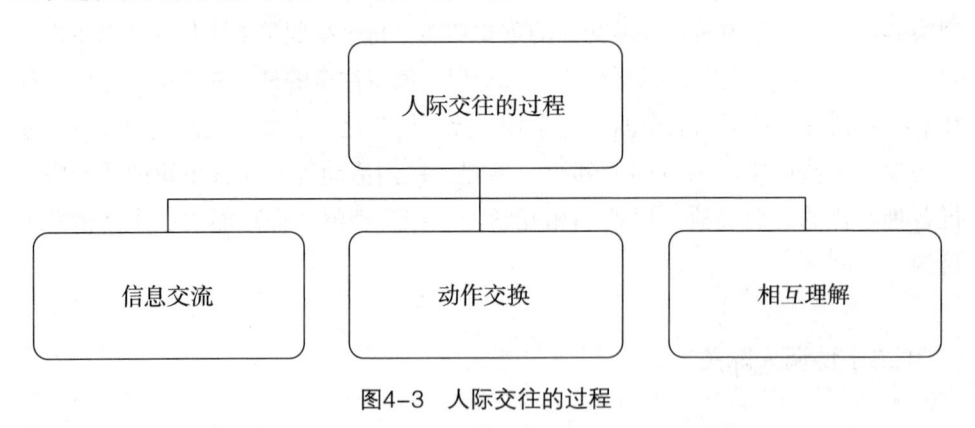

图4-3 人际交往的过程

（一）信息交流

信息交流是人际交往的基础，它是指个体通过语言、文字、表情等手段传递信息给对方，让对方了解自己的思想、感情和意图。信息交流是人际交往的核心，只有有效的信息交流，才能让双方相互理解。

（二）动作交换

动作交换是人际交往的重要补充，它是指个体通过肢体动作、面部表情等非语言性的动作来传达信息，弥补单纯语言交流的不足。动作交换能够帮助双方更准确地表达自己的意思，也能够增强交流的亲密感和信任感。

（三）相互理解

相互理解是人际交往的目的，它是指双方能够相互理解对方的意图、想法和感情，达到沟通的效果。相互理解需要双方共同努力，倾听对方的意见，理解对方的立场，从而建立起良好的人际关系。

综上，信息交流、动作交换和相互理解是人际交往中不可或缺的三个过程，它们共同构成了人际交往的复杂活动。

七、人际交往的基本要素

人际交往的基本要素如表4-1所示。

表4-1　人际交往的基本要素

人际交往的基本要素	具体阐述
信息的发出者	指主动与别人沟通和交流而发出有关信息的人，即主动与别人交往的人
信息	指信息的发出者传递信息所表达的内容。如向某人点头所表达的善意；语言所说明的某种情况，或传达的某种思想，或表明的态度、意愿与要求；赠送礼物所表达的某种情感等
信道	指信息赖以凭借的载体，即信息发出者所采用的能够表达信息的各种符号和能够传递这些符号的媒介物，主要包括语言文字符号及其媒介物，如说话、文字及作为载体的报纸、刊物、通信器材等；无声语言符号，如表情、手势、姿态等
信息的接收者	指信息的指向目标，即接受信息发出者所传递的信息的人。信息的发出者将信息通过信道传递给接收者，同时希望接收者能对信息予以理解与接收，从而形成人际交往

续表

人际交往的基本要素	具体阐述
反馈	指信息的接收者在收到信息时对信息的发出者所给予的回应，如通过口头语言、点头、摇头、微笑等方式所表示的接受、同意、反对、有待商议等。反馈一般也是通过信道作逆向传递。一般来说，有反馈的沟通才是双向沟通和正常沟通，给予反馈和注意寻求反馈是实现有效交往的重要环节
干扰	指交往双方在信息传递的过程中所遇到的各种妨碍、遮蔽等导致信息失真的不良影响。引起干扰的物化因素有噪声、通信中的干扰信号等。非物化的因素主要指人为的因素，如文化背景差异导致的误解、语言障碍、主观方面的故意歪曲等。正常的交往必须克服各种干扰才能顺利进行，否则极易因误解而造成人际关系紧张

在交往的过程中，每个人都可能是信息的传递者，或者是信息的接收者，也可能既是传递者又是接收者。

八、人际交往的心理效应

在人际交往中，大多数人在相同的情况下或对某种相同的刺激，会产生相同或相似的心理反应现象，它具有普遍性，也具有差异性。这种心理效应容易使人产生认知偏差，具有消极作用，影响人的正常交往，但是只要在正确认识的基础上科学地加以运用，对建立和谐的人际关系也会有积极的意义。

（一）首因效应

首因效应也就是我们平时所说的"第一印象"。在人际交往中，第一印象非常重要，第一印象形成后，要再去改变它，就需要付出很多努力。两个陌生人第一次见面，对彼此的感觉，关系到他们日后会不会再联络、会不会再深入地交往。如果一个人希望多结交朋友，那么就要给别人留下良好的第一印象。如果给人留下的是诚恳、热情、大方的印象，自然受人喜爱，别人也愿意与之交往。相反，如果留下的是虚伪、冷漠、呆板的印象，别人就不会愿意与之继续接触。

需要注意的是，第一印象有时并不十分可靠，一个人的道德品质、思想修养等内涵并不是通过第一印象就能把握的。以过早的表面印象来择人交友，一方面可能使那些伪君子趁机而入，给自身带来伤害；另一方面，也可能错失那些外表平庸而富有内涵的真朋友。

（二）近因效应

与首因效应相反，近因效应是指在多种刺激一次出现的时候，印象的形成主要取决于后来出现的刺激，即交往过程中，对他人最近、最新的认识占了主体地位，掩盖了以往形成的对他人的评价。近因效应也称"新颖效应"。随着时间的推移和了解的深入，首因效应的作用渐渐淡去，近因效应的作用却渐渐呈现出来。例如，一位学生平时表现很好，可一旦做错了事，就容易给人留下负面印象。一般情况下，对于不太熟悉的人，首因效应效果比较明显；而对于熟悉的人，近因效应会明显一些。

（三）晕轮效应

晕轮效应也称"光环效应"，是一种以偏概全的认知偏差现象，主要指人们在与他人交往的过程中，常常从对方所具有的某个或某些特征出发，推论到其他方面特征的心理效应。在人际交往过程中，因为对方的一个优点或缺点而形成对对方的整体认识，就是一种晕轮效应。晕轮效应常常会使人变得盲目，分不清对方的优缺点，得不到全面客观的认识，会给人际交往带来一定的影响。因此，人们在与他人交往时，要经常提醒自己，从较为客观的角度去评价他人，避免以偏概全。

（四）投射效应

人们在交往中，总愿意把自己的某些特性归到交往对象身上，特别是在被了解对象和自己年龄、职业相同的时候更是如此。"以小人之心度君子之腹""饱汉子不知饿汉子饥"就是典型的投射。投射效应的实质是忽视个体差异，以为别人和自己愿望相同，喜好相同，结果造成许多误会。

（五）刻板印象

刻板印象是指在人们头脑中存在的关于某一类人的固定印象，或是对人概括、泛化的看法。实际上刻板印象就是对他人形成的成见。例如，有许多人常常认为，中国北方人性情豪爽、胆大正直，南方人精明灵气、善于随机应变，这些都是刻板印象的表现。刻板印象容易使人在不了解他人的前提下，不自觉地把人分门别类，导致对他人的认知产生偏差和错觉，以致无法做出正确的评价。但刻板印象也有一定的积极作用，那就是简化了人的认知过程。

以上这些效应都很常见，往往对人际交往产生很大影响。高职学生在日常生活、学习过程中，如果觉得自己的人际交往有问题，反思是否在不知不觉中因受到这些效应的影响而出了问题，以避免对自己和他人造成更大的伤害。

九、人际交往的影响因素

人际交往的影响因素是相对复杂且广泛的，其中较为重要的有以下几个（图4-4）。

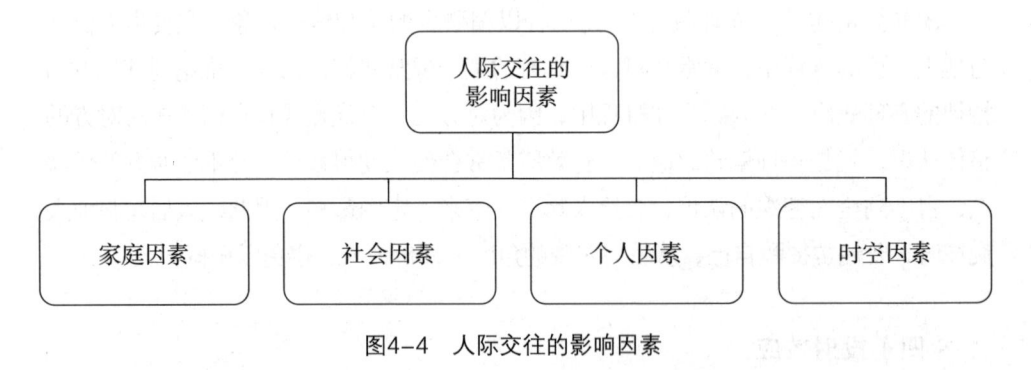

图4-4 人际交往的影响因素

（一）家庭因素

在个体的人际交往中，家庭因素往往发挥着重要的作用。具体来说，影响人际交往的家庭因素主要包括以下几个方面。

1.家庭的教养方式

一般来说，民主型教养方式、专制型教养方式和放纵型教养方式是最为常见的三种家庭教养方式。其中，在民主型家庭中长大的儿童具有个性独立、有主见、乐于交往、思想活跃、富于合作等积极的人格品质；在专制型家庭中长大的儿童容易形成消极、被动、懦弱、依赖、服从、做事缺乏主动性甚至不诚实的人格特征；在放纵型家庭中长大的儿童多表现为自私任性、蛮横无理、唯我独尊、依赖性强、无所事事等，父母对孩子的过分溺爱，阻碍了儿童健康人格的形成。

2.家庭的生活氛围

家庭的生活氛围对个体人际交往的影响主要有两个方面：一方面，充满暴力攻击和冲突的家庭会使儿童获得有关人际交往的错误认知和不恰当的攻击性冲突解决策略；另一方面，家庭成员之间和睦相处、相互尊重有助于使儿童形成谦虚礼貌、待人亲切而诚恳的性格。

3.家庭中子女的出生顺序

根据相关心理学的研究，一个家庭中子女的出生排序也会在一定程度上影响儿童的性格形成。一般而言，由于父母对子女的态度不同及其子女在家庭中的地位不同，兄、姐有利于形成独立、主动、果断、善交际的性格特征，而弟、妹则容易形成依赖、盲目、优柔寡断、不善交往的性格特征。

（二）社会因素

随着我国高科技信息技术的爆炸式增长、网络技术的普及和新闻娱乐媒体的人性化服务，大众传播媒介对高职学生心理健康的影响越来越大。一方面，电视新闻、报刊、图书等传媒以迅雷不及掩耳之势宣传最新的时事信息，它不仅提供社会经济走向、社会热点关注、社会变革的消息，还向人们提供各种不同的角色模式、角色评价、价值标准、行为规范等，对个体的发展起着潜移默化的影响。另一方面，互联网的迅速发展使世界变成了地球村，缩短了地域距离，使人们足不出户便能把天下事尽收眼底。此外，当前社会中充斥的个人主义、拜金主义及"人不为己，天诛地灭"的自私自利思想，杂志、图书中格调低下的作品的泛滥，都可能会给学生的思想及行为带来消极的影响，阻碍他们身心的健康成长。

（三）个人因素

影响人际交往的个人因素，又具体涉及以下几个方面。

1.个人认知

认知是指个体认识客观世界的信息加工活动。个体在人际关系过程中的认知因素，主要包括三个方面：一是对自己的认知；二是对他人的认知；三是对交往本身的认知。其中，最为关键的认识因素是对自己的认知。

对自己的认知关键在于自我评价是否恰当。过高地评价自己，在人际交往中往往会盛气凌人，处于不平等的地位；过低地评价自己，往往会引起自卑，不愿或害怕与人交往。对交往本身的认知，也会影响交往行为，因为交往的过程是双方彼此满足需要的过程，如果只考虑满足自己的需要，忽视他人的需要，就会引起交往障碍。

2.个人情绪

情绪因素也是人际交往中很重要的一个影响因素。在人际交往过程中，情绪过于激烈或过于冷漠都不利于建立良好的人际关系。如果情绪反应过于强烈，人往往会表现出不分场合、不分对象地冲动，给人造成感情用事、不成熟、轻浮不实的感觉。如果情绪反应过于冷漠，则会被视为不友好、对人没感情、姿态高、瞧不起人。因此，个体在人际交往中，应该培养健康的情绪，既不过于强烈，也不过于冷漠，要适时、适度。

3.个人人格

人格在个体的人际交往中，也是不容忽视的一个影响因素。不良的人格特征容易给人以不良评价、不愉快的感受乃至一种危险感，因而会影响人际交往。因此，在人际交往中要尽可能避免虚伪、自私自利、不尊重人、猜疑心重、过分自卑等不良人格。

4.个人交往动机

人际交往的最基本动机就在于希望能从交往对象那里得到自己需求的满足。如果对方不能满足人们的交往需求，人们就不会产生与之交往的动机。然而，每个人的需求是有所不同的，有的人是为了得到金钱财物而交往，有的人是为了攀附名利而交往。大多数人的交往动机处于较高的社会意义上，如结识朋友，寻求信息交流，沟通感情，陶冶性情和承担社会责任等。每一种动机，都能促使个体参加相应的交往活动。

（四）时空因素

影响人际交往的时空因素，又可以细分为时间因素和空间因素两个方面。

1.时间因素

时间是影响人际交往的重要因素之一。个体之间交往的时间越长，接触的机会越多，交往的次数就越多，就越比较容易形成亲密的关系。如果个体之间长时间不见面，即使原来是比较亲密的朋友，也容易变得生疏起来。

2.空间因素

空间因素主要指交往双方距离的远近。距离近，则更容易接触，也就更利于建立密切的关系，反之则不然。正如俗话说的"近水楼台先得月""远亲不如近邻"。比如，在学生的同伴交往中，同桌比同班容易，同班又比同年级容易，同年级又比同校容易。家离得比较近的两位同学比家离得比较远的同学更容易形成比较亲密的人际关系。这是因为空间距离越近，越有接触的机会，熟悉的程度越深，互动的速度越快；空间距离越近，共同关心的事情越多，利害关系越接近。

十、人际交往的吸引规律

在人际交往中，主要的吸引规律有以下几个。

（一）接近吸引规律

接近吸引规律中所涉及的相似因素包括民族、年龄、学历、社会地位、职业、兴趣、观点、修养等方面。在人际交往中，交往的双方如果有很多的相似之处，那么他们之间就会相互吸引，这也就是我们常说的"物以类聚，人以群分"。

接近点和共鸣点越多,交往深化的可能性越大。

(二)互惠吸引规律

心理学的研究发现,人都有追求奖赏、幸福而避免惩罚、痛苦的心理需求。人们对乐观开朗、助人为乐、富于幽默感、有进取精神的人,常常存有倾慕之情。因为与这种人相处,能给人带来欢乐。对具有相反性格的人,一般来说较为嫌弃。如果交往的双方,能够给对方带来知识的、生理的、心理的和政治等的收益、酬偿,就能增加相互间的吸引,换句话来说,就是双方都会因为可以获得愉悦感而进行交往。

(三)互补吸引规律

互补的范围包括能力特长、人格特征、需要利益、思想观点等多个方面。当双方的个性或需要及满足需要的途径正好为互补关系时,就会产生强烈的吸引力。这是因为人们都有要求自我完善的倾向,当个人无法实现这种要求时,便会从他人身上获得补偿,以达到满足个人需要的目的。

(四)对等吸引规律

心理学家研究发现,人们最喜欢那些对自己的喜欢程度不断提高的人,最讨厌那些对自己的喜欢程度不断减少的人。这是因为,没有渐进过程地喜欢一个人,往往使人感到轻率、唐突;喜欢逐渐增加,使人感到成熟、可靠。

(五)诱发吸引规律

在人际交往过程中,如果人们受到某种诱因的刺激,而这种刺激正好投其所好,就会引起对他人的注意和交往的兴趣,如得体的打扮、妙语惊人的谈吐、风趣幽默的故事等都可以增强他人对自己的注意,从而吸引他人与自己进行交往。

十一、高职学生的人际交往

广义上的高职学生人际交往是指高职学生在上学这个年纪与其有关的一切周边人群的相处关系,包括与老师、同学、家长以及社会人员的交往。狭义的高职学生人际交往是指高职学生在学校期间与他们生活有关的周边个体或群体相处,主要指的是和老师及同学的交往。

(一)高职学生人际关系的类型

一般来说,可以将高职学生的人际关系分为以下三种类型(图4-5)。

```
          高职学生人际关系的
                类型
        ┌───────┼───────┐
      师生型    学生型    社会型
```

图4-5 高职学生人际关系的类型

1.师生型

教师和学生之间的交往关系是高职学校里基本的人际关系,即师生型人际关系。尊师爱生是师生关系的具体表现。高职学生要顺利完成学业,就必须与这些成员往来,彼此结成一定的人际关系。在这类人际关系中,学生是教育和服务的对象,教师是教育者;学校以学生为主体,以教师为主导。

2.学生型

由于年龄结构、知识水平等大致相同,高职学生之间的感情最容易沟通。学生型交往关系包括两种。

(1)正式群体内同学之间的交往

正式群体内同学之间的交往,如专业、年级、班级、宿舍内的交往。

(2) 正式群体之外同学之间的交往

正式群体之外同学之间的交往是由某种共同的爱好、兴趣，或某种需要，某种偶然因素所引起的。

高职中的同学关系具有特别重要的意义，处理得好，集体和个人都会受益。特别是在良好的班集体中，同学们可以互相帮助，团结友爱，对个人的身心健康有调节作用。

3.社会型

社会型的人际关系就是高职学生和校园外的团体和个人之间的交往关系。近年来，青年学生纷纷走出校门，他们在同社会各界交往过程中，更多地了解了国情，了解了人民群众的思想感情，了解了新型的人际关系，对增长才干起到了补充和促进作用。但是，高职学生片面追求"探索"和培养"活动能力"，热衷于校外的、与学习无关的活动，会导致学业荒废，甚至留级、降级、被迫退学等。这一点应引起高职学生的警惕。

（二）高职学生人际交往的特点

高职学生的人际交往具有显著的特点，概括来说主要包括以下几方面。

1.人际交往的迫切性

高职学生年轻活泼，思想活跃，认识事物的能力较强，自主意识也较强，精力充沛。由于绝大多数学生脱离了家庭的生活圈子，所以一般都有较迫切的人际交往的愿望，想认识与熟悉更多的人，想交新的朋友。

2.人际交往的情感性

高职学生交往的对象以同学为主体，交往中涉及的内容主要是学习、生活、思想、各种集体活动、娱乐等，增进感情和友谊是交往的主要目的。

3.人际交往的不成熟性

处于青年时期的高职学生虽已具备了成年人的体格及种种生理功能，但其在家长的过度保护下，涉世未深，心智尚未成熟。

4.与异性交往的强烈性和拘谨性

高职学生正处于青春发展的高峰期,尤其是性心理逐步趋向成熟。他们在心理上产生了与异性交往的兴趣与愿望,并不断增强,他们希望了解异性,得到异性的理解、尊重和爱慕。但在实际男女生的交往中,多数学生行为显得很拘谨,不能落落大方,怕人说闲话,因而制约了男女间的正常交往。

(三)高职学生人际交往的意义

高职学生人际交往具有重要意义,概括来说主要包括以下几方面(图4-6)。

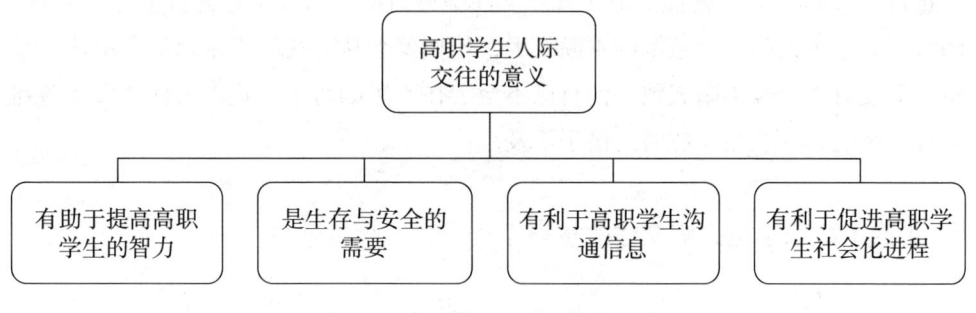

图4-6 高职学生人际交往的意义

1.有助于提高高职学生的智力

智力的开发,学习效率的提高,离不开人际交往,如果一个班集体或者寝室里,人际关系紧张,这样的生活环境会让人觉得压抑,而不开心的情绪也会影响学生的学习和生活。但是如果这个寝室或者班集体的氛围是健康、和谐的,那么生活在这样集体中的高职学生的心情是愉悦的,只有心情愉悦了学习劲头才能十足。因此,良好的人际关系能使学生之间互相帮助,互相启发,从而使大家的视野不断开拓,知识互相补充,学习积极性不断地增强和提高。

2.是生存与安全的需要

根据马斯洛的需要层次理论,在个体发展过程中,生理需要、安全需要、社交需要、尊重的需要、自我实现的需要是人们赖以生存的五种最基本的需要。这五种需要共同构成了不同的等级或水平,并成为激励和指引个体行为的力量。每个人都需要别人的关怀和帮助,需要一种稳定的安全感,它表现为人们追求稳定、安全的环境,希望得到保护,能够免除恐惧和焦虑心理等。这种需要是一种精神上的需要。因此，高职学生人际交往的需要是人的一种基本的精神需要。

3.有利于高职学生沟通信息

人际交往的重要功能之一是可以使交往双方能够获得大量的信息。一个人的信息量、知识面是有限的，通过良好的人际交往，人就可以克服信息量的有限性，以各种方式迅速取得信息。通过人际交往获得信息具有更直接和速度更快捷的特点。

4.有利于促进高职学生社会化进程

每个人的社会化进程都是在人际交往中进行的，人际交往是社会化的起点。随着高职学生人际交往范围的不断扩大，他们就会从交往中不断积累深化社会经验，促使自我个性不断成熟，使自己不至于在不久的将来正式走向社会后在遇到各种复杂的人际关系问题时而措手不及。

（四）高职学生人际交往的技巧

1.给人以友善的微笑

高职学生在与同学的交往中，真诚的微笑也会给人留下美好而深刻的印象。尤其对那些受到老师或父母压力的人，一个笑容能够帮助他们了解一切都是有希望的，也就是世界是有欢乐的。

2.记住对方的名字

在人际交往中，若是把对方的名字忘了，或写错了，就会令自己处于非常不利的地位。事实上，记住对方的名字，说明对方在你心目中是重要的。所以，高职学生在人际交往中一定要注意记住你想交往的对象的名字，这样会取得事半功倍的效果。

3.给人以真诚的赞美

会赞美别人是一种能力，要想使赞美取得好的效果，必须要做到以下几方面。

第一，赞美要具体实在。比如，如果你要赞美一位女同学，与其说"我喜欢你"，不如说"我非常喜欢你今天的打扮"等，这样会让人觉得比较实在和真诚，言不由衷的赞美只会让人生厌。

第二，赞美要选准角度、恰如其分。假如你要向一位女同学表示赞美，而这位同学相貌平平，与其说她貌美如花，不如说她心地善良等。否则可能会让对方体会到讽刺的意味，从而不利于交往。

第三，赞美要讲究艺术。有时高职学生在交往时不小心说错一句话就可能会伤害其他人，赞扬也是一样的。比如，一个男生在和两个女生聊天，他想赞美一下两名女生，如果他对一名女生说"你虽然没有她美，但你却比她聪明"，这样的话语一出，就将两名女生全部得罪了。所以，赞美一定要讲究艺术，否则只会适得其反。

第二节　高职学生容易出现的人际交往问题

概括来说，高职学生容易出现的人际交往问题主要包括以下几方面：

一、交往恐惧

交往恐惧是一种比较常见的人际适应不良的表现形式。在此需要特别说明的是，交往恐惧与社交恐惧症不同，社交恐惧症是恐惧症的一种，属于心理障碍，而交往恐惧则是常见的人际适应不良的一种表现形式，其严重程度并没有达到被诊断为社交恐惧症的标准。交往恐惧的高职学生往往具有以下几种心理。

（一）害羞心理

在学校中，当老师在课堂上提问的时候，经常有些同学明明知道问题的答案或对问题有独到的见解，可是就是不敢举手回答问题，甚至一些害羞的同学下课以后，联合起来找老师说："我们因为害羞没有回答问题而得不到老师的加分，这样非常不公平。"纷纷为自己的害羞行为找理由，相当一部分的高职学生甚至还认为害羞是一个人的美德。

（二）自卑心理

自卑心理是影响个体人际交往的重要因素。自卑是一种自我评价过低而产生的消极情绪体验。在交往活动中，自卑心理的外在表现主要为：一方面总认为自己样样不如别人，从而失去进取心和竞争意识，导致情绪消沉、精神萎靡、自怨自艾、怨天尤人，行为上畏首畏尾、消极处世、得过且过；另一方面又清高自负自傲，过于自尊，过于敏感，不轻易与人交往。自卑心理的成因主要包括以下几方面（表4-2）。

表4-2　自卑心理的成因

自卑心理的成因	具体阐述
消极的生活经验	高职学生在人际交往中，因为某种生理、心理或社会生活的原因，可能会受到他人的嘲笑。高职学生在生活中也可能遭遇到一些挫折，如失恋、考试作弊受到处分等，如果高职学生心理调节能力不强，这些嘲笑和挫折很可能带给高职学生以自我否定，产生自卑心理
过大的心理落差	有些高职学生在小学、中学阶段，由于成绩很好，会成为出类拔萃的佼佼者，成为老师宠爱、同学羡慕的对象，处于中心地位。上了高职院校后，面对同样优秀的同学，自己则显得非常平凡，甚至在某些方面低人一等，这种强烈的落差感使高职学生在评价自己时可能产生一定的偏差
消极的自我暗示	有自卑心理的高职学生，往往习惯于消极的自我暗示，他们经常会有"我是一个不讨人喜欢的人，还是不要与陌生人说话，免得又多一个人讨厌我""从来就没有人愿意与我交朋友"等想法，在人际交往中对自己的期望值很低，心态比较消极
不当的自我评价	高职学生在入校后，他们的生活内容日益丰富，自己也会在越来越多的方面与他人进行比较，由于缺乏正确的理念，高职学生有时会拿自己的短处与他人的长处相比较，并将这种差距泛化，夸大自己的不足，觉得自己处处不如别人，从而产生自卑心理

二、注重横向交往，忽视纵向交往

同学之间年龄、经历相同，生理、心理发展水平相当，理想信念一致，这些相似的自身条件使同学之间容易发生情感共鸣。所以，高职学生乐于横向交往。

师生关系亲密是中华民族的优良传统，老师不仅是学生的知识传授者，而且也是学生的做人楷模。与品德高尚、知识渊博的老师结成忘年之交，学生往往可以受益终身。但是，高职学生不太注意与老师交往，除上课之外，其他时间很少与老师接触，有时甚至是故意回避，敬而远之。所以，高职学生缺少发展师生间的纵向交往。

三、人际交往的需要迫切

人际交往是人的基本需要，高职学生的交往需要更为强烈、更为迫切。交往需要的迫切性，一方面表现在交往需要的广度上，孔子曰："独学而无友，则孤陋寡闻"，高职学生希望广交朋友，不但想交校内朋友，而且想交社会朋友，渴望建立广泛的友谊。另一方面表现在交往需要的深度上。高职学生也希望深交朋友，交知心朋友，能够推心置腹、交流情感，相互理解、互相帮助。高职学生迫切的交往需要反映出他们现代交往意识的强化。但在这种迫切交往的需求下，很多高职学生没有保持清醒的头脑，没有好好考察过交往对象的背景等，这就容易出现人际交往中的问题。

四、交往中的哥们义气较重

哥们义气较重也是高职学生容易出现的人际交往问题之一。在高职学生的人际交往中，哥们义气往往会影响到对人对事的客观评价和判断，可能会导致偏袒、钩心斗角、过度竞争等不良行为的出现。

哥们义气的产生通常是因为个人在团体中为了追求自我认同和安全感而产生的行为。在高职院校里，学生们加入各种社团、组织、团队等社交圈子，他们可能会过于看重这些圈子中的成员关系，而忽略了个人品德和能力的提升和发展。

哥们义气较重可能会导致以下问题。

第一，影响对人对事的客观评价和判断。哥们义气可能会导致人们对事情的判断受到情感的影响，对于自己圈子里的朋友做出不公正的评价。

第二，增加人际矛盾。在哥们义气的驱动下，人们会过度强调圈子里的朋友关系，忽略其他人的感受和权利，造成人际矛盾和冲突。

第三，影响个人发展。如果高职学生过于看重哥们义气，可能会忽略个人品德和能力的提升和发展。在高职院校里，学生们需要注重个人的成长和发展，建立良好的人际关系只是成功的一半。

五、情感因素导致交往障碍

交往中感情色彩浓重，是高职院校人际交往的一大特点。由于年轻人感情丰富、变化快，对事过于敏感和简单，有时会因一时好恶改变对一个人的看法，这种重感情不重客观，重一时不重全面的特点常导致青年人的人际关系缺乏稳定性，易产生各种障碍。在高职学生中常见的影响人际交往的情绪有以下几种：

（一）自负

自负在交往中表现为居高临下，只强调自己的感受而忽视他人。拥有自负情绪的人与同伴相处时，高兴时海阔天空，手舞足蹈；不高兴时乱发脾气，很少考虑对方的反应。与熟人相处时，常过高地估计彼此的亲密程度，使对方出于心理防卫而疏远。这样最终会导致自我封闭，失去同学的关心与帮助。

（二）愤怒

高职学生缺乏独立生活的经验，在学习和生活中为一些琐事而与他人产生矛盾的现象经常出现，但由于缺乏社会阅历，不知如何化解；再加上心理成熟较晚，情绪难以自控，故常以口角和斗殴的方式发泄，造成严重的交往障碍。

（三）多疑

多疑是一种由主观推测而产生的不信任心理。多疑的人整日疑心重重，怀疑世间的真诚，认为一切都是假的。多疑常常是在假想推测的基础上循环思维的结果。当高职学生在某些方面不如别人，自信意识薄弱时，就会怀疑别人瞧不起自己，怀疑别人居心叵测、言行与己不利，整日提心吊胆，处处设置防线。这种无端的猜疑最终会造成矛盾，导致人际关系紧张，影响同学团结。同时，又局限了交往面，失去交往的快乐。

第三节　高职学生人际交往管理的策略

一、培养成功交往的心理品质

（一）自信

自信的人通常会给自己积极的心理暗示，认可自己的交往能力和魅力，这种积极的心理暗示有助于增强自信，进一步提升个体的吸引力，从而赢得他人的喜欢和尊重。

自信的建立需要时间和努力，可以从多方面入手。

第一，要自我认知，了解自己的优点和不足，正视自己的缺陷并努力改进。

第二，要积累经验，多参与社交活动和公开演讲等，提高自己的社交能力和表达能力。

（二）真诚

真诚是一种非常宝贵的品质，它不仅能够帮助我们建立和维护良好的人际关系，还能够让我们自己感到更加真实、自信和坚定。

真诚的基础在于诚实和透明，即真实地表达自己的想法、感受和需求。在交流中，真诚的人能够倾听他人的意见和感受，并尊重他们的观点。同时，真诚的人也会主动沟通，表达自己的想法和需求，从而建立更加坦诚和开放的关系。

总之，真诚是一种非常宝贵的品质，它不仅能够让我们在人际关系中建立和维护良好的关系，还能够帮助我们逐渐了解自己、提升自己。因此，我们应该努力在日常生活中保持真诚的态度，从而不断向更高的目标迈进。

（三）信任

信任是人际关系中非常重要的因素。信任建立的前提是对他人报以信任的态度，这样才能使他人感受到被尊重和信任，从而增强彼此之间的互动和信任。而如果缺乏信任，则会使人际关系变得紧张和不稳定，甚至可能导致关系的破裂。

建立和维护信任需要一定的努力和实践，包括对他人的言行和动机持积极的态度，避免轻易猜疑，避免过分提高自己的心理防线。只有通过逐步的交流和互动，才能逐渐了解他人的想法和需求，从而建立起真诚的信任关系。

（四）克制

克制能力是人际交往中非常重要的技能之一，可以帮助我们更好地控制自己的情绪和行为，从而避免不必要的冲突和后果。但是，我们不能一概而论地提倡无条件地克制自己，因为这可能会对我们的身心健康和人际交往产生负面影响。相反，我们应该在维护正义和大众利益的前提下，学会合理地表达自己的观点和情感，同时保持冷静和宽容的态度。

在培养克制能力的过程中，我们还可以通过一些方法来提高自己的情绪管理和自我控制能力。例如，学习冥想、放松技巧、沟通技巧等，这些方法可以帮助我们更好地管理自己的情绪和行为，从而更好地维护正义和大众利益，并避免不必要的冲突和后果。

（五）幽默

幽默在人际交往中的作用确实非常重要，它能够缓解紧张气氛，让人们放松身心，更容易进行交流和沟通，从而增进彼此之间的感情。同时，幽默还可以激发人们的思考和创造力，提高人们的生活品质和幸福感。

在人际交往中，幽默可以发挥多种作用，以下是一些具体的好处：

1.幽默可以打破僵局

在面对陌生人或者在场的每个人都比较沉默的时候，适当的幽默可以化解尴尬的局面，带动气氛，让人们产生共鸣和互动。

2.幽默可以掩盖自己的不足和缺点

有时候我们可能会感到自己表现不佳或者遇到了一些困难，此时运用幽默的话语能够让我们显得更为轻松自如，也能够帮助我们更好地处理问题。

3.幽默可以调节人际关系

有时候人与人之间会有一些矛盾或者摩擦，恰当的幽默可以化解矛盾，减少摩擦，增进彼此之间的理解和宽容。

4.幽默可以增强魅力

一个有幽默感的人会显得更加有魅力，能够吸引他人的注意力，从而更好地展示自己的个性和魅力。

总之，幽默在人际交往中扮演着重要的角色，能够为我们的生活和工作带来很多积极的影响。但需要注意的是，幽默要注意适度，也要避免伤害到他人的感情和尊严。

二、消除先入为主的认知偏差

人们总是以一定的社会角色与人交往，如果对角色认知错误，就会产生错误的角色期待，导致交往从一开始就带上先入为主的偏见，这种偏见还可能因我们的行为唤起对方的同类反应而得到自我证实。在日常交往中，对人的这种偏见往往会因为循环"证实"而不断加深，以至成为交往的障碍。人皆有自尊，你期待别人如何待你，你先得如何待人；你想要发现别人的长处，就得先抛弃偏见。

高职学生在进行人际交往时，既要给人留下良好的第一印象，同时又要消除只凭第一印象认知别人的偏差。消除认知偏差的方法有以下几种：

第一，不能以固有习惯模式对他人进行分类，否则就会形成对他人的固定化的看法。

第二，对别人要有全面的了解，不能以偏概全，以貌取人。因为个体的个性品质与外貌特征并无本质联系，如相貌堂堂的人未必是正人君子；有的人看上去笑容满面，也许心怀鬼胎；有的人外表冷若冰霜，也许内心有一团火。

第三，不能让自身当时的情绪状态影响对交往另一方的评价。因为不良的情绪使主体对人苛求，从而带来对方的不良态度反应。

三、向自卑和羞怯挑战

自卑和羞怯是人际交往中的心理障碍。因此，高职学生应用积极的态度来对待自己的不足，驱赶消极的自我暗示所带来的消极情绪。不要让失败的情绪过多地束缚自己的心理，影响交往。要树立成功交往的信心，成功的交往可以增加人的自信，从而进入良性循环。另外，不要拘泥于过去。人的心灵就像一个丰富的资源仓库，储存着过去的一切，有成功的经验，也有失败的教训。对于那些痛苦不堪的、失败的记忆，如果不设法消除，就会影响现在的人际交往。

四、把握好人际交往的度

任何事物都有一个度，如果超过或破坏了事物的度，就会改变事物的性质，带来不良的后果。人际交往也一样，只有把握好人际交往的度，才能确保人际交往取得良好的效果。具体来说，高职学生在把握人际交往的度时，要包括以下几方面的内容：

（一）要明确交往的方向

高职学生的交往对象与其以往所面对的人群有很大不同，无论是年龄、背景，还是成分等，复杂性都要大得多。刚入校的高职学生，特别是独生子女高职学生，思想相对来说比较单纯，不够成熟，因此在人际交往过程中，同哪些人交往，交往的目的是什么，如何把握方向，就显得尤为重要。交往方向的不明确会直接影响人的健康发展。

（二）要保持适当的交往广度和深度

高职学生在进行人际交往时，要把握好交往的广度和深度，以免因交往的广度和深度不合理而产生心理问题。就交往的广度来说，既不能过窄，以免错过可交的朋友、陷入狭小的人际交往圈；也不能过广，以免出现滥交行为，不仅浪费时间，还会对人际交往的质量和学习产生不良影响。就交往的深度来说，要把握好度，该深交的深交、该浅交的浅交、该拒交的拒交，因为一个人不可能与其他所有人都成为知心朋友。而在确定交往的深度时，要切实依据是否有相同的理想、相同的志趣、相同的道德水准以及较高的人格修养等。

（三）要保持适度的交往频率

高职学生在进行人际交往时，保持合理的交往频率也是十分重要的。这是因为，即使再好的朋友，如果交往过于频繁，那么产生冲突、出现矛盾的可能性便会大大增加，而且也会使双方的正常生活受到影响。当然，人际交往的频率也不能过低，以免导致人际交往中断。

五、塑造良好的个人形象

虽然大家都明白"人不可貌相，海水不可斗量"的道理，但在日常交往中却很难摆脱以貌取人的怪圈。这就出现了这样一种情况：衣冠不整、萎靡不振、蓬头垢面的人在社交初期很难得到别人的好感；而长相俊美、衣着整洁、举止得体的人则能在社交初期给人良好的第一印象，有利于进一步的交往。因此，高职学生在人际交往中，适当的注意自己的个人形象是非常必要的。也就是说，高职学生在人际交往中要注意塑造良好的个人形象。具体来说，高职学生可通过以下几个措施来塑造自己的良好个人形象。

（一）积极完善自我意识

在人际交往中，自我意识对个人的表现会起到很大的影响。当自我意识有缺陷时，人往往表现出拘谨扭捏、故作老练等令人难以接受的表现，也不会引起别人的好感。因此，优化个人的形象，首先就需要完善自我意识，即学会认识、了解自己。只有认识、了解了自己，人们才能在社交场合避开自己的不足，发挥自己的优势，从而增加个人魅力，完善个人形象。例如，嗓音好的人，喜欢参加和组织各种歌唱活动，而嗓音不好的人，则会尽量避开这些活动；口才好的人常常会在各种场合公开发表自己的见解，而口才不好的人，绝不会在众目睽睽之下滔滔不绝地说话。对于高职学生而言，只有充分认识自己、了解自己，才能根据自己的特点开展不同的交际策略，也才能让自己的个人形象更加贴切、完善。

（二）不断提高自己的心理品质

心理品质会对一个人的外在表现产生很大影响，从而也会影响到个人的形象。因此，高职学生只有不断提高自己的良好心理品质，才能与他人顺利进行交往，继而建立良好的人际关系。

对于高职学生来说，必须要提高的良好心理品质有自信、真诚、信任、热情、幽默和克制等。其中，自信能够使高职学生在人际交往中表现得不卑不亢、从容淡定、不羞怯，并显现出饱满的精神状态；真诚能够使高职学生在人际交往中更容易被他人所认可和接受；信任能够使高职学生在人际交往中获得更加亲近的人际关系；热情能够使高职学生在人际交往中获得他人的关怀和友爱；幽默能够使高职学生在人际交往中营造轻松、融洽的氛围，缓解紧张、尴尬的气氛，继而促进良好人际关系的建立；克制主要是对不良情绪和冲动的有效抑制，能够使高职学生在人际交往中遇到利益受损的情况时保持冷静、宽容、忍让的态度，以免发生不必要的矛盾或冲突。需要特别指出的一点是，这里所说的克制是有一定的条件限制的，即以维护正义和公共利益为前提。若是脱离了这一前提，还一再忍受他人无端攻击和不正当指责而不采取必要的措施，则会成为懦弱的表现，同样不利于人际交往的顺利进行。

（三）提高自身的人际魅力

每一个高职学生都有其独特的内在人际魅力，这种魅力是高职学生的综合素质在社交场合的表现。因此，高职学生要注意从多方位提高自己，不断丰富自己的内心，修饰自己的仪表，丰富自己的谈吐，这样才有助于给人留下良好的第一印象。具体来看，高职学生的人际魅力主要表现在以下几方面。

第一，外表美观、大方、整洁。
第二，衣着服饰整齐干净、合体恰当。
第三，举止大方、仪态庄重。
第四，言之有物、谈吐优雅。
第五，充满自信、开朗乐观。

六、掌握科学的交往艺术

在复杂的人生交往当中，蕴藏着丰富的交往艺术，它的内容是多方面的，包括交往的时机、场合、方式、风度、角色、语言等。这里仅谈如下几个方面。

（一）要进入角色

角色意识不仅是交往的前提，也是取得成功的重要因素。不同的角色具有不同的特征。在家里，有父亲和母亲、丈夫和妻子及儿女等角色；在工作单位，有经理、厂长、工人、职员等角色。每个角色都具有特定的职能、规范和"演出场合"，不能混为一谈。所以，在交往的过程中也要进入角色，要细心地把握角色的变换性，所谓"己所不欲，勿施于人"，就思维方式而言，学会角色互换要求人们从我向思维转向他向思维，设身处地地从对方角度出发，把行为主体的自我当作客体的自我来审视和评价，这样就能较为公正地理解别人的想法，也能较为客观地看待自己行为的得失。

（二）树立良好形象

人们在初次交往时往往会通过对方的容貌、服饰、体态、谈吐、礼节等方面来对其进行评价，并据此留下第一印象。第一印象一旦形成，就不容易改变，并且会影响人们日后对交往对象的整体评价和看法，即使后来的印象与第一印象之间出现差距，人们仍会倾向于第一印象。因此，高职学生应注重优化自身形象，包括精神状态、服饰搭配和言谈举止等，塑造良好的第一印象。

（三）要有洒脱的交往风度

交往风度就是人在交往活动中一切言行举止概括的总称，是个体心理素质和气质修养的外部体现，交往风度主要包括以下几方面（表4-3）。

表4-3 交往风度

交往风度	具体阐述
饱满的精神状态	如若精神振奋、情绪饱满，就能活跃交往气氛，丰富交往话题。反之会使对方兴趣索然
诚恳的待人态度	不管对待什么交往对象，都应诚恳而直率、平等而亲切。要做老实人、办老实事，要端庄而非过于矜持，谦虚而不矫揉造作，坦诚相见，不卑不亢，保持落落大方的风度
周到的仪表礼节	一个人仪表整洁、举止端庄、礼节周到，就能产生一种吸引人的魅力。这种魅力不仅取决于外表，更在于人的内在品格的自然流露
集中注意力	在交往过程中，集中注意力，不仅使对方有受到尊重的感觉，同时有助于交谈思路更加条理化，启迪和开阔视野

（四）要善于倾听

倾听是维系人际关系的有效法宝，是一种礼貌和诚挚的表现，是尊重他人、理解他人的方式。用心倾听的同时也会赢得对方的喜欢和信任。倾听对方谈话要做到耐心、虚心和真诚。

第一，倾听时要用眼睛关注对方，并配合对方的情绪表达，适时地点头或微笑，还可以适当地使用"嗯""哦"等简单的语句作为回应，以表示认真倾听的态度。

第二，不要随意插话或打断对方的谈话，不要马上问过多的问题，要把握好自己在倾听过程中的角色和位置。

（五）要讲究语言艺术

语言是人类进行思维和交际的工具。交往双方通过语言开启对方心灵的门扉，或传递社会生活信息，或提出批评与建议。一个人的语言表达能力对他的社会交往顺利与否有很大影响。只有不断提高语言表达能力，才容易获得成功。掌握语言艺术有如下基本要求：

1. 谈话要看场合

不同的场合要求人们交谈的内容和方式有所不同。如待客要热情，做客要注意礼仪。

2. 说话要因人而异

根据交往对象的性别、年龄、职业、生活阅历、社会地位等情况的不同采用不同的语言和口吻。如与知心朋友可以开门见山，推心置腹；与生人交谈要讲究分寸；与异性交谈要文雅得体等。

3. 注意语言表达技巧

第一，叙事条理、层次清楚、富有逻辑性。
第二，表达生动，有声有色，具有形象性。
第三，情真意切，平易近人，具有感染性。
第四，穿插事例，比喻新颖，具有趣味性。
第五，吐字清晰，表达贴切，具有准确性。
第六，回味无穷，循循善诱，具有启发性。
第七，不说与主题无关的废话、玄话、大话、套话和假话。

4.善于运用礼貌语言

"您好""请""对不起"等语言，既能拉近双方距离，又能反映出一个人的思想修养水平。

5.善于运用"体态语言"

讲究"体态语言"，一方面重在发挥手势的作用，手势可分为指示手势、象形手势和象征手势等；另一方面又应充分发挥面部表情的作用。

（六）增强人际吸引力

人与人之间的吸引力越大，相互之间越容易形成良好的人际关系。我们可以运用一些技巧来增强自己的吸引力。

第一，创造条件让双方在时空上更为接近，多找机会接触对方。

第二，了解对方的兴趣爱好、个性特征、文化水平、社会背景等各方面的信息，寻找彼此相似的因素。

第三，多谈论对方感兴趣的事情，对对方的观点和看法给予适当的支持。

第四，了解对方的需要和弱点。

第五，善于利用自身的优势满足对方的需要，弥补对方的缺陷。

第六，在交往中尽可能地展示自己的知识和能力，让对方感到你是一个知识丰富、聪明能干的人。

第七，注意仪表，学会微笑，表情丰富，掌握日常交往的礼仪，举止得体。

另外，"站要挺拔，坐要周正，行要从容"。在交往中表现良好的个性品质，热情待人，真诚关心别人，豁达大度，情绪稳定而愉快，自信开朗等。

（七）把握对象特点

把握交往对象的特点也是人际交往的技巧之一。与一些性格比较特殊的人交往，尤其要注意技巧。如与狂妄者交往，可以采取请教式，虚心提问，耐心倾听，满足对方的虚荣心；也可以采取震慑式，让对方暴露弱点，使其产生强烈的心理震动，这种震慑往往能促进交往；与孤僻者交往，要主动热情，耐心细致，运用暗示法，多启发，多诱导，并善于选择话题，找到他们的兴奋点；与急躁者交往，要冷静、宽容、忍让，很多时候可以付之一笑；与残疾人交往，要自然，淡化对方的残疾人意识，不可显得过分小心谨慎，这是因为残疾人往往自卑，要多鼓励赞美对方，让他看到自己的价值。另外，要注意言谈的避讳，不要叫别人"聋子""瞎子""跛子"等，必要时可以换一种说法。总之，交往中把握对象的特殊性，有的放矢，灵活应对，将会给你带来更多的朋友。

七、积极培养良好的交往心态

良好的交往心态能够促使高职学生采取积极的社交行为，而积极的社交行为又可以加深与助长积极的交际心态。这种良性循环状态，就能使高职学生在人际交往中驾航使舵，从而驾驭未来人生。具体来说，高职学生在培养自己良好的交际心态时，应着重从以下几方面着手：

（一）学会宽容他人

高职学生若要与人长期相处，就要学会宽容别人。常言道："水至清则无鱼，人至察则无徒"。如果对人过于苛刻，缺少一颗包容之心，就会交不到朋友。宽容别人，就是能悦纳别人，宽宏大度，不把自己的意志和观点强加于人，不求全责备，不强求一致，能容忍别人的失误与过错，能尊重别人，能耐心听取别人的意见，并能与不同层次、不同水平、不同意见的人友好地交流、和谐地相处。

（二）学会乐于助人

在人际交往中，当你与别人打交道时，如果先提自己的需要，十有八九要失败。在现实生活中，我们发现，那些难与人相处的人，往往是那些乐于斤斤计较和争斗，太过于"聪明"的人。这种人在与人交往时，唯恐自己吃亏，总想多占些便宜。这种人的意图，一旦被人发现和识破，人们自然就会轻视他、疏远他，甚至拒绝他，他的人际关系也会因此而变得一团糟。而那些乐于助人，不怕吃亏的人，他们的行为会为自己营造美好的人际交往环境，他们常会得到意想不到的帮助和回报。因此，帮助别人也就等于帮助自己。

（三）学会沉默

有不少认为，在人际交往中，能说会道的人无论到哪里，一定能打开人际交往的局面。其实不然，如果一个人无节制地说三道四，那么可能无意中会损害自己的形象，使别人产生厌恶之感。因此，我国古代教育家孔子告诫自己的弟子们，不要像池塘里的青蛙，整日整夜地叫，即使口干舌燥也不被人注意，而要像清晨的雄鸡，一鸣惊人。

在人际交往中，高职学生必须牢记"沉默是金"的古训。而且，沉默对于高职学生获得良好的人际关系有着重要的作用。比如，在人际交往中，当双方发生矛盾和冲突时，沉默会给自己留下回旋的余地，使旁人更敬佩你内在的气度；沉默可使自己赢得声誉，给他人留下聪颖、机智的印象，这是一种积极的人际交往技能；沉默可以防止因不注意讲话方式，给自己与他人所带来的不必要的麻烦。

八、建立成熟健康的人际交往模式

高职学生要与他人建立良好的人际关系，需要具备适度的自我价值感。自我价值感通常来源于对自己作为一个独特的个体而存在的固有价值的认识。只有具备这种独特的自我价值感，才能真正地理解他人的独特价值，并且懂得尊重他人。此外，适度的自我价值感与人际交往的模式是紧密相连的。因此，高职学生要与他人形成良好的人际关系，必须建立起成熟健康的人际交往模式。美国著名心理学家爱克利克·伯奈按照人际交往中对自己和他人所采取的态度，将人与人之间的交往模式分成以下几种。

（一）我行——你不行的交往模式

持这种人际交往模式的个体在人际交往中会出现社交自负的问题，他们常常以自我为中心，认为自己的所有都是好的、对的，别人永远比不过自己。而在出现问题时，他们会将错误推到别人身上，认为都是别人的失误，自己毫无问题。这种唯我独尊的态度也不利于高职学生良好人际关系的建立。

（二）我不行——你行的交往模式

持这种人际交往模式的个体在人际交往中会出现社交自卑的问题，他们缺乏应有的自信心，也无法发挥自己的优势和特长，在社交中不敢发出自己的声音，也没有主见，只习惯于随声附和，因而难以获得别人的重视。

（三）我不行——你也不行的交往模式

持这种交往模式的个体在人际交往中常常会既看不起自己也看不起别人，因而在社交场合常会表现得冷漠无情。

（四）我行——你也行的交往模式

持这种交往模式的个体在人际关系中能做到既爱自己也爱别人，既悦纳自我也悦纳他人，他们能够发现自己和他人的优点，也能正视自己与他人的缺点，能够在人际交往中保持一种积极、乐观、进取、和谐的精神状态，从而与其他同学维持良好的人际关系。

在这四种人际交往模式中，前三种人际交往模式对人与人之间的关系有着明显的消极影响，严重影响着人们的心理健康和生活质量。而最后一种模式，即"我行——你也行"的交往模式，则是成熟健康的人际交往模式，可以合理改善人与人之间的关系。这主要是因为该模式中涵盖了理性、理解、宽容、接纳等美好品质。因此，培养高职学生积极交往的模式就是要使高职学生养成第四种人际交往模式。

第五章 高职学生的情绪管理理论与策略研究

情绪就是人们心理状态的晴雨表,它无时无刻不在反映人们的心理状态。高职学生正值青春年华,情绪体验丰富而复杂,容易陷入情绪困扰。这一特点会对高职学生的学习和生活等产生一定的影响。因此,高职学生有必要对情绪的相关知识有所了解,以便于自己在出现情绪问题的时候,能够用正确的方法来管理。

第一节 情绪概述

一、情绪的含义

情绪是由客观事物引起的,情绪与人的切身需要和主观态度密不可分,是人对客观刺激的一种精神反应。另外,情绪随着客观现实的丰富多彩、主观需要的不断变化而呈现出多元化的特点。由于情绪产生的原因很复杂,所以世界上研究情绪的专家们至今未对情绪有一致的定义。概括来说,情绪的含义主要包括以下两部分:

（一）客观现实是人类情绪产生的源泉

客观现实是人类情绪产生的源泉，这是由人的本质属性以及与客观现实的相互关系所决定的。人只有在丰富多彩的客观世界中，在客观事物的刺激和影响下，才能产生主观评价和态度，也才能表现出多姿多态的情绪体验。

（二）需要是客观现实和主观体验的中介

现实世界中的事物是千姿百态的，但人并不是对所有事物都会产生情绪体验。使人情绪发生变化的关键，是某事物的发生与人需要的程度有关。例如，在一般情况下，说话声并不能引起我们的情绪体验，但当我们需要冷静地集中思考某问题时，说话声可能就会引起不快的情绪体验。这说明客体能否引起人的情绪是以人的需要为中介的。

二、情绪的分类

根据不同的标准，可以将情绪分为不同的类型。

（一）根据情绪的主观体验和外部表现不同进行分类

根据情绪的主观体验和外部表现不同，可以将情绪分为愉悦情绪、愤怒情绪、恐惧情绪和悲伤情绪等（表5-1）。

表5-1　根据情绪的主观体验和外部表现不同进行分类

分类	具体阐述
愉悦情绪	愉悦情绪是指个体感到愉快、放松和满足时的情绪状态，如幸福、满足和喜悦等
愤怒情绪	愤怒情绪是指个体感到不满、愤怒时的情绪状态，如愤怒、恼怒和气愤等
恐惧情绪	恐惧情绪是指个体感到害怕、紧张和焦虑时的情绪状态，如恐惧、焦虑和紧张等
悲伤情绪	悲伤情绪是指个体感到难过、失落和沮丧时的情绪状态，如悲伤、失落和孤独等

（二）根据情绪的强度和持续时间不同进行分类

根据情绪的强度和持续时间不同，可以将情绪分为心境、激情和应激（表5-2）。

表5-2　根据情绪的强度和持续时间不同进行分类

分类	具体阐述
心境	心境是指一种微弱、平静、持续时间较长的情绪状态，如愉悦或沮丧
激情	激情是指一种强烈、短暂的情绪状态，如愤怒、喜悦或恐惧
应激	应激是指出乎意料的紧张情况所引起的急速而高度紧张的情绪状态，如考试焦虑、面试紧张等

（三）根据情绪的稳定性和可调节性不同进行分类

根据情绪的稳定性和可调节性不同，可以将情绪分为积极情绪、消极情绪和中性情绪（表5-3）。

表5-3　根据情绪的稳定性和可调节性不同进行分类

分类	具体阐述
积极情绪	积极情绪是指个体感到愉快、满足和轻松时的情绪状态，如高兴、希望和满意等
消极情绪	消极情绪是指个体感到不满、沮丧和紧张时的情绪状态，如愤怒、恐惧和焦虑等
中性情绪	中性情绪是指个体的情绪体验比较平稳，没有明显的积极或消极倾向，如平静、冷静和漠然等

（四）根据情绪的社会化程度不同进行分类

根据情绪的社会化程度不同，可以将情绪分为基本情绪和复杂情绪（表5-4）。

表5-4 根据情绪的社会化程度不同进行分类

分类	具体阐述
基本情绪	基本情绪是指个体天生具有的、无须学习便可表现的情绪，如喜悦、愤怒、恐惧和悲伤等
复杂情绪	复杂情绪是指个体在社会化过程中学习获得的，由多种基本情绪组成的情绪状态，如羞耻、内疚、尴尬和自豪等

三、情绪的层面

情绪的层面是指情绪在不同层面的表现和影响，具体包括以下几方面（图5-1）。

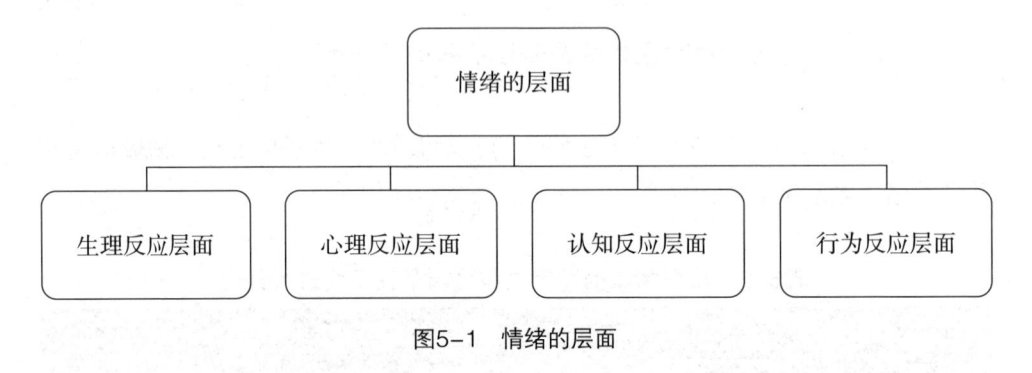

图5-1 情绪的层面

（一）生理反应层面

情绪会对人的生理产生影响，例如心跳加速、血压升高、内分泌失调等。这些生理反应可以帮助我们应对各种情境，但也可能导致情绪失控。

（二）心理反应层面

情绪会在人的心理上引起一定的感受和体验，例如快乐、悲伤、愤怒、焦虑等。这些情绪体验可能会影响到我们的情感状态和行为。

（三）认知反应层面

情绪会影响我们的认知和决策，例如当我们感到危险时，会更容易感到害怕和担忧，进而影响我们的判断和决策。

（四）行为反应层面

情绪会影响我们的行为和表现，例如当我们感到愤怒时，可能会做出冲动的行为。理解和处理情绪的各个层面可以帮助我们更好地应对情绪。

四、情绪的功能

概括来说，情绪的功能主要包括以下几方面（图5-2）。

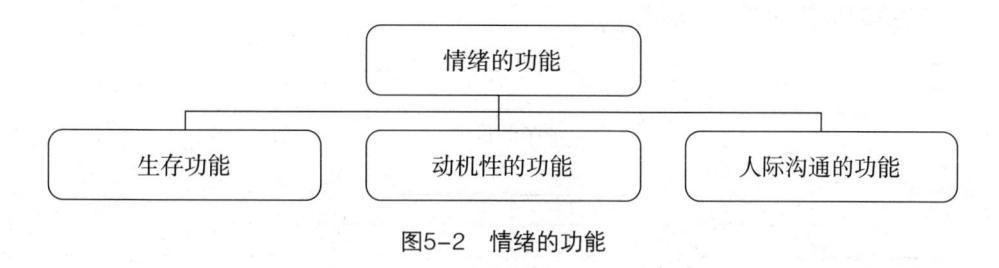

图5-2 情绪的功能

（一）生存功能

由于生理反应与情绪密切相关，所以当遇到危险状况时，我们马上会有紧张害怕的感觉，同时心跳加快、呼吸急促，产生"奋力对抗"或"落荒而逃"的反应，以便保护自己，避开危险。

（二）动机性的功能

情绪能够源源不断地产生能量，用以推动人的各种活动，使我们过一个积极进取和有贡献的人生。然而在我们的生命中，不可避免地会出现各种不好的情绪，这些情绪在一定程度上会耗损人们的能量，但即使是这些不好的情绪也是有积极的一面的，因为人们在因为出现消极的情绪而感到痛苦时，自身也会得到成长。

（三）人际沟通的功能

人与人之间最重要的是情感的交流，情绪的表达可以增进人际的沟通。当有情绪时，我们才知道自己内心真正的感受，也才有机会向他人表达，以维护自己的权益，或者增进彼此的情谊。

五、情绪的价值

情绪的价值如图5-3所示。

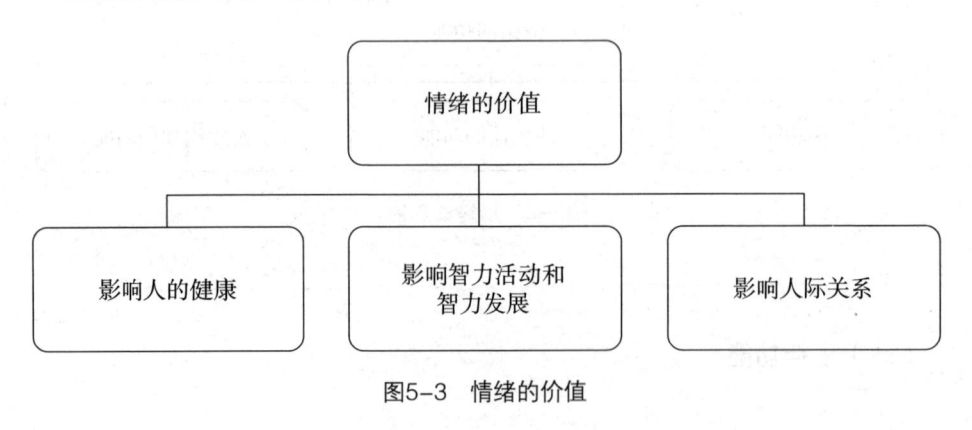

```
                    ┌──────────┐
                    │ 情绪的价值 │
                    └────┬─────┘
          ┌──────────────┼──────────────┐
   ┌──────┴─────┐ ┌──────┴──────┐ ┌─────┴──────┐
   │ 影响人的健康 │ │影响智力活动和│ │影响人际关系 │
   │            │ │  智力发展   │ │            │
   └────────────┘ └─────────────┘ └────────────┘
```

图5-3　情绪的价值

（一）影响人的健康

良好的情绪可使人体内环境保持平衡，一方面内分泌适度，另一方面神经系统活动协调，各内脏器官功能正常，给人带来健康的体魄，有利于预防和治疗疾病。

（二）影响智力活动和智力发展

人的情绪是在认识过程中产生的，但又反过来影响认识。我们经常会感到，在心情良好的状态下，人才能进行有效的观察、记忆、想象和思维。而心境低沉或郁闷时，则思路闭塞、操作迟缓、反应迟钝。所以说，情绪对智力活动和智力发展具有重要的影响。

（三）影响人际关系

人与人之间的心理关系，受许多因素的影响，而人对人的态度如何，则是影响人际亲疏关系的重要因素。相同的情绪反应能帮助人们互相了解，传递信息，使人们互相感染，互相接近，心理距离越缩越短。但是，如果不尊重别人，对他人缺乏真情实感，那只会把人际关系越搞越僵。

六、情绪的表现

情绪的表现主要包括以下几方面（图5-4）。

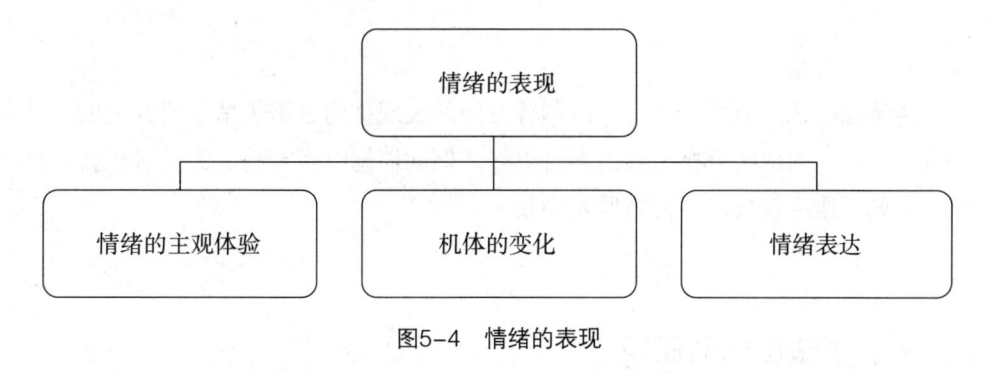

图5-4　情绪的表现

（一）情绪的主观体验

情绪的主观体验指人主观上感觉到的情绪状态。情绪有十分独特的主观体验色彩，如受伤害时感到痛苦，需要得到满足时感到愉快，面临危险时感到恐惧，被侮辱时感到愤怒等。

（二）机体的变化

由于情绪刺激的作用，可以引起呼吸系统、循环系统、消化系统等一系列的变化，也可以引起代谢和肌肉组织的改变，因此，在人发生情绪时，内脏器官和内分泌腺体等都有一系列的生理变化。

（三）情绪表达

1.面部表情

面部表情是情绪表现的主要形式，是指眼、眉、嘴等的变化。在面部表情中，以眼最为传神，眉开眼笑、暗送秋波都是从眼睛里传出去的。

2.体态表情

人体的各种不同姿态组合都会有不同的内容。一个人歪着头听你讲话，可能是欣赏的态度；左顾右盼是不诚心的态度；摇头晃脑是心不在焉或不耐烦的态度。每一个姿态都有内在的含义，都在表达情感。

3.言语表情

情绪在语音、节奏、速度、声调等方面的表现称为言语表情。研究表明，言语表情所传达的情绪信息比言语本身更多。例如愤怒时声音高、尖且有颤抖；喜悦时声调、速度较快，语言高低差别较大。

七、情绪出现的原因

情绪出现的原因如图5-5所示。

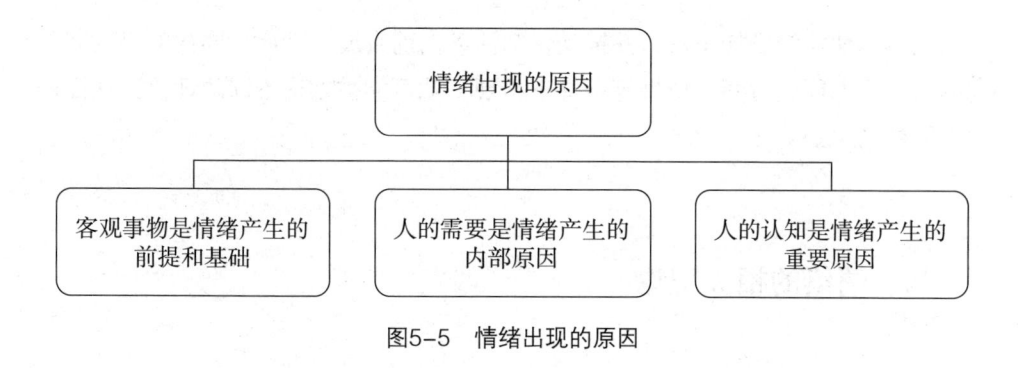

```
                    ┌─────────────────┐
                    │  情绪出现的原因  │
                    └─────────────────┘
           ┌───────────────┼───────────────┐
┌──────────────────┐ ┌──────────────────┐ ┌──────────────────┐
│ 客观事物是情绪产生的│ │ 人的需要是情绪产生的│ │ 人的认知是情绪产生的│
│    前提和基础      │ │     内部原因       │ │     重要原因       │
└──────────────────┘ └──────────────────┘ └──────────────────┘
```

图5-5　情绪出现的原因

（一）客观事物是情绪产生的前提和基础

由于客观事物的不同特点及事物与人之间存在的关系不同，人们对这些事物抱有不同的态度，有不同的体验。这些带有特殊色彩的体验就是情绪。客观事物的不同特点会引起人们不同的情绪反应，如美景使人愉快，黑暗使人恐惧。总之，离开了具体的客观事物，人的情绪就无从产生。

（二）人的需要是情绪产生的内部原因

由于人的需要具有多层次性，人的情绪也就具有多样性，人的需要与同一事物的不同方面发生关系时常常也会引起不同的情绪。当客观事物符合并满足人的需要时，就会使人产生积极的情绪体验；当客观事物不符合人的需要时，就会使人产生消极的情绪体验。总之，人的需要复杂多样，既有合理的需要，也有不合理的需要。即使是合理的需要，由于受到各种条件的限制，有时候也不可能得到满足，这就造成了人们情绪的广泛性、复杂性和多样性。

（三）人的认知是情绪产生的重要原因

情绪并不是由客观事物直接、机械地决定的，只有那些被认知的事物才能引起情绪的产生。"触景生情"的"触"说的就是认知，外界有再好的美景，如果你不去"触"，不去认知，也就不会有情。所以，认知过程是产生情绪的前提，而且随着认知的变化发展，情绪也随之发生变化。同时，情绪也会反过来影响认知的内容，使认知更加丰富，并推动认知活动向前发展。因而，同样的事物对不同的人或在不同的时间、情景等条件下出现，就可能被做出不同的评价，从而产生不同的情绪。

八、情绪的相关理论

围绕情绪问题，心理学家们曾作了大量的理论和实验研究。下面介绍几种有影响力的情绪理论。

（一）詹姆斯——兰格的情绪外周理论

美国心理学家詹姆斯和丹麦生理学家兰格分别在1884年和1885年提出了与常识相反的理论。他们的基本观点是：当某一种事物对个体的感官有所刺激的时候，个体首先会在身体上表现出一定的反应和变化，这种变化进而引起神经冲动，当这种神经冲动传送到中枢神经系统的时候，情绪就诞生了。

詹姆斯观点的核心是情绪是一种知觉，是身体受到外界刺激时发生变化所引起个体的知觉。从詹姆斯的观点来看，很多说法都会与以往不同。一般认为，人是因为开心了才笑，悲伤了才哭，生气了才骂人。詹姆斯则认为人是因为笑了所以开心，哭了才悲伤，骂人了才生气。兰格的观点与其类似，兰格特别强调血液系统与情绪产生的关系，他认为，植物性神经系统的支配作用加强，血管扩张，结果便产生愉快的情绪；植物性神经系统活动减弱，血管收缩，器官痉挛，结果便产生恐怖的情绪。

詹姆斯——兰格的情绪理论，其意义在于他们清楚地阐释了情绪与集体变化存在着直接的关系。但是这个理论也有很大的缺陷，他们只强调植物性神经系统的作用，而忽视了中枢神经系统的调节控制作用，这是值得反思的。这在理论上引起了很多争议。

（二）坎农——巴德的情绪丘脑理论

坎农是美国生理学家，巴德是他的学生。1927年，坎农率先对詹姆斯——兰格的理论提出质疑。坎农认为生理变化虽然是肯定的事实，但人单靠对生理变化的知觉很难分清是何种情绪。因为在很多情绪状态下，生理变化是一样的。例如"心跳加快"，恐惧时心跳会加快；愤怒时心跳也会加快；高兴时还会加快。而且，机体的生理变化受植物性神经系统的支配，变化比较缓慢，而情绪变化则相对而言快得多。使用某些药物（如肾上腺素）可引起生理变化，但并不影响情绪反应。

鉴于此，坎农在20世纪30年代提出了著名的关于情绪的丘脑理论。从坎农的观点来看，情绪的生理机制处于中枢神经系统的丘脑，而非外周。人的感觉器官受到外界的刺激，引起了神经冲动，感觉神经作为桥梁将这种神经冲动传到丘脑，激发情绪的刺激由丘脑进行加工，丘脑所产生的神经冲动向上传至大脑皮层，引起情绪的主观体验；向下传至交感神经系统，引起机体的生理变化。所以，坎农关于情绪的理论认为，身体变化和情绪体验是同时发生的。

坎农的理论在提出之后，得到了巴德的赞成和发展，故该理论被称为坎农——巴德丘脑情绪理论。坎农、巴德的贡献在于他们发现了丘脑在情绪产生过程中所起到的作用，提出了情绪的中枢理论，对于情绪理论的发展很有裨益。

（三）斯凯特——辛格的情绪认知理论

美国心理学家斯凯特、辛格认为，情绪来自于认知。一方面是对刺激情境性质的认知；另一方面是对自己身体生理变化的认知。

他们的实验研究表明，在情绪发生的过程中一定会伴随着生理变化，但是这种生理变化对于情绪的产生却不是决定性的因素。情绪产生的根本性因素是外界的刺激以及主体对身体变化的认知。斯凯特和辛格情绪认知理论的发展之处在于他们在对情绪发生进行解释的时候加入了认知因素，这是很大的一个进步。

九、健康情绪的标准

（一）反应适度

个体的情绪不但有明确的诱因，而且反应也要适度，即事件的发生对个体刺激的强弱应该与个体出现的反应成正比，如果一个人因为一件事情悲伤几天是正常的，但如果一直沉浸在悲伤中无法自拔，甚至出现自残的行为，那就说明该个体的情绪反应过度，是情绪不健康的表现。

（二）诱因明确

个体情绪的出现必然会有一定的原因，这是情绪健康的一个重要标志。正常的健康的情绪都是存在一定诱因的，且诱因明确，不同的诱因会产生不同的后果。例如，某件事取得了成功，个体会获得高兴的情绪体验；如果有不幸的事件发生，则个体会出现悲哀的情绪。无缘无故的喜怒哀乐都是不健康情绪的表现。

（三）心情愉快

心情愉快也是个体心理健康的一个重要标志，因为只有心情总是愉悦的个体，才能将自己的正面情绪带给身边的人，其他人也愿意与其交往。但如果一个人总是愁眉苦脸，为一点小事就生气和悲观失望，那么就说明他的情绪是不健康的，需要进行相应的调节。

（四）能合理调控情绪

健康的情绪是可以受自我调节和控制的，人们可以情绪转移，也可把消极情绪转化为积极情绪，还可把激情转化为冷静等；不健康的情绪则很难自我调节，一旦爆发，犹如脱缰的野马不可驾驭，如果是消极情绪还会酿成不良后果。懂得如何调控情绪，并能从别人调整情绪的方法中借鉴到一些适合自己的情绪调控方法，是一个情绪健康者最应学会的保持身心健康的一项技能。

十、高职学生情绪发展的特点

概括来说，高职学生情绪发展的特点主要包括以下几方面（图5-6）：

```
                    ┌─────────────────┐
                    │ 高职学生情绪      │
                    │ 发展的特点        │
                    └─────────────────┘
```

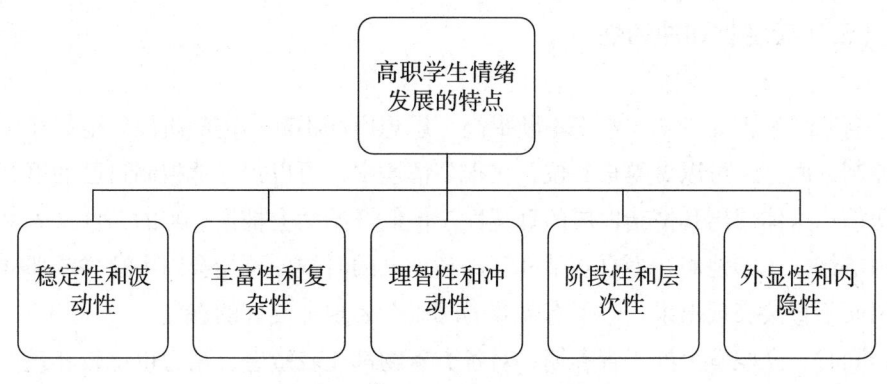

图5-6　高职学生情绪发展的特点

（一）稳定性和波动性

高职学生虽然依旧处于青春期的阶段，但是随着其知识和阅历的丰富，其情绪情感开始趋于稳定，对各种事物和行为的情绪情感可以保持较长的时间，而且对于他人情绪情感的依赖也有所稳定。这是因为随着他们自我意识的发展和世界观的基本形成，其情感倾向日渐稳定。

高职学生情绪的波动性是相对成年人来说的，由于高职学生的人生观、价值观还未完全定型，认知能力还有待提高，因此高职学生的情绪活动往往强烈而不能持久，情绪活动随着认知标准的改变而改变。主要表现为情绪变化比较频繁，遇事比较容易冲动，考虑问题也比较容易走向极端。与此同时，学习成绩的好坏，同学关系的好坏，恋爱和考试的成败等，都会引起高职学生情绪的波动。

（二）丰富性和复杂性

高职学生情绪发展具有丰富性和复杂性。首先，从他们的社交情况来看，高职学生进入高职院校后，其交往范围有所扩大，其人际关系变得较为复杂，催生了更多更细腻复杂的情绪；其次，从个体自我意识的发展阶段来看，高职学生处于其自我意识发展的高峰期，在这个阶段，他们在自我体验和自我尊重方面产生了强烈的诉求，特别容易产生自卑或自负的情绪；最后，从个人定位来看，高职学生进入高职院校之后，通过各种途径的学习，开始对自己的身份、价值等问题有了更为深入的了解和思考。

（三）理智性和冲动性

高职学生正处于知识水平不断提高、思想内涵不断丰富的阶段。他们在情绪的控制方面已经可以做得很到位，在很多情境中，可以很好地控制自己的愤怒或者悲伤，这体现出其情绪发展的理智性。他们开始学会根据一定的条件来表达恰当的情绪，比如他们在不喜欢某件事或某个人的时候，可能会因为这样或那样的原因而不直接表现出来，甚至有需要的时候会表现出友好的态度。

同时，高职学生处于青春期，对各类事物都比较敏感，精力也比较旺盛，他们的情绪在具有理智性特点的同时，也具有冲动性，具体表现为其情绪具有强烈性、爆发性和易激动性。在高职学生群里中，不乏有因为一些小事就大打出手的人，而且他们容易感情用事。

（四）阶段性和层次性

高职学生情绪的发展还具有阶段性和层次性。一方面，他们的年纪在增长，知识在不断丰富，阅历在不断积累，这些因素都使得处于不同年级的高职学生具有不同的特点。另一方面，即使是处于同一年级的高职学生，其在性格、能力方面也会有所不同，这些都会使其表现出来的情绪情感具有不同的层次。

（五）外显性和内隐性

虽然说高职学生已经有了较高的认知水平和控制自我的能力，但是其毕竟处于青春期，遇到事情的时候还是会有强烈的反应，对于外界的刺激十分敏感，很容易将其情绪表现在面部表情、语言和行为之中，具有敢爱敢恨的特点。

但是也有一些高职学生经常会有意识地掩饰自己的真实情绪，这是由高职学生自我意识或心理闭锁意识增强引起的。他们一般不肯轻易吐露真情，是否要说出心中的真实想法取决于时间和诉说对象。

对高职学生情绪发展的特点进行研究，科学认识这些特点，可以对高职学生的心理和行为有更加准确的把握，可以帮助他们调节不良情绪，避免不良情绪带来的危害，有助于他们的心理健康。

十一、高职学生的健康情绪

对于高职学生来讲，情绪健康主要表现为：情绪的基调是积极、乐观、愉快、稳定的，对不良情绪具有自我调控能力，情绪反应适度；高级的社会情感（理智感、道德感、美感等）能得到良好的发展。具体而言，高职学生情绪健康的基本标准主要有以下四个方面。

（一）情绪反应适时适度

情绪健康者的情绪反应是由适当的原因引起的，情绪反应的强弱和引起该情绪的情景相符合。情绪健康者既不反应过度，也不冷漠麻木和毫无反应。高职学生处于青年期，具有青年人的情绪特点。青年人情绪反应的敏感性和反应强度一般高于成人，他们在遇到让人兴奋的事情，如自己喜欢的球队获得比赛胜利时，更容易比成年人激动。但是，如果高职学生的情绪反应既与现实不符，也与同龄人的情绪表现不符，表现出类似儿童的幼稚、冲动和缺乏自控能力，则是情绪不健康的表现。

（二）情绪的基调是积极、乐观的

消极情绪在日常生活中是无法避免的，但是从总体上讲，高职学生应当能在较长时间内保持积极的情绪，如热情、乐观、愉快，对自己、对生活充满信心，这是情绪健康的重要特征。高职学生积极、乐观、稳定的情绪特征具体表现为关心社会生活的变化，关心国际国内大事，对生活有强烈的兴趣。他们会积极参与社会生活，乐于参加各类活动，努力克服各种困难，追求积极向上的生活目标，在奋斗中体验到快乐。如果一个高职学生感到生活空虚、无聊、没有意义，从而对生活产生厌倦，这同样是情绪不健康的表现。

保持乐观而稳定的心境既有赖于长期教育的培养，也有赖于个体随时有意识地调节与控制。高职学生应学会在悲痛时自我缓解，忧愁时自我劝解，焦虑时自我宽慰，愤怒时自我控制。

（三）情绪稳定性好，善于调节和控制情绪

情绪稳定表明个人的中枢神经系统活动处于相对的平衡状况，反映了中枢神经系统活动的协调。一个人情绪经常很不稳定，变化莫测，是情绪不健康的表现。处于青春期的高职学生是情绪容易激动的时期，而且易产生一些过激行为。但是随着其年龄不断增长，他们对于各种事物的认识水平也在不断提高，开始逐渐有意识地对其情绪进行调节和控制。他们这种控制调节能力不仅表现在对其不良情绪的调节方面，还表现在可以将不良情绪适当地宣泄出去，在不同的场合不同的情境可以恰当地表达情绪。

（四）高级社会情感发展良好

高职学生在进入高职院校之后，一些高级社会情感开始对他们的生活和学习产生日渐明显的影响，比如道德观使其更加具有自我约束力、爱国感使其更加正义等。部分高职学生确立了道德和正义观念，当他们出现与这些观念不符的行为时，他们会产生罪恶感，会为自己的行为感到羞愧，进而谴责自己，这个时期其情绪体验是非常痛苦的。

在教学氛围浓厚的环境下，高职学生的高级社会情感会得到长足的发展，他们意气风发、聪慧过人；他们珍视友谊、渴望爱情；他们充满活力、朝气蓬勃。其道德感、理智感等逐渐发展成熟，开始主导其情绪生活。

十二、高职学生情绪的影响因素

情绪的产生受一定因素的影响，下面主要对高职学生不良情绪产生的原因进行简要分析。

（一）家庭因素

家庭是个体的启蒙学校，可以说，个体良好情绪状态的培养最重要的就在于家庭的教育。家庭的经济状况、家庭成员的受教育程度、家长的教育态度、家庭

成员之间的亲疏关系等都对个体情绪状态的培养具有至关重要的作用。目前，社会生活节奏不断加快，人们的观念出现了较大的变化，这些变化对家庭的冲击也比较大，单亲、下岗、失业、犯罪等家庭问题逐渐增多，这些问题无疑会对孩子产生重要影响。调查研究表明，在这种家庭中长大的高职学生都比较敏感，容易出现各种情绪问题。由此可见，家庭对高职学生的成长具有非常重要的作用。

（二）学校环境因素

目前，高职院校招生规模不断扩大，改革也不断深化，由此给学校环境带来了一系列的变化，如就读高职学院的学费比较高、淘汰机制和择业制度不断改革和完善，这些无不刺激每个高职学生的神经，对他们的心理也带来了冲击，影响着他们的情绪。另外，校园文化对高职学生的情绪也会产生一定程度的影响。近年来，由于经济负担和学业负担比较沉重，就业压力也比较大，所以校园文化出现了气氛不浓、品位不高、效果欠佳等现象，有些学生社团也名存实亡，校园人际关系对许多学生来说既复杂又难以协调。理想与现实的反差使不少学生产生心灵孤独感、寂寞感和不适应感，甚至对学习的管理产生抵触情绪。在这种情况下，如果高职院校的素质教育尤其是心理健康教育比较滞后，那么就可能会导致出现高职学生由于情绪问题而产生的心理障碍越来越严重的现象。

（三）社会因素

当今社会变革的影响和多元价值观念的冲击会对高职学生的情绪产生一定的影响。目前，随着社会主义市场经济的建立和发展，人际关系越来越复杂，人们的传统价值观念受到冲击，转型期的一些社会现象，如工人下岗和失业、官员贪污和腐败、社会治安混乱等问题，会在短时间内对高职学生产生一定的刺激，一些阅历较浅和心理承受能力比较差的高职学生往往会产生一系列的情绪问题，对其身心发展极为不利。

（四）高职学生自身因素

高职学生由于自身的一些因素也会产生一定的情绪问题，这些因素主要包括以下几方面：

1.角色转换适应不良

从中学到高职院校的学习和生活及人际交往的不适应，使一些高职学生不能及时正确地转换角色，从而出现孤独、自卑和紧张等不良情绪。

2.理想与现实的冲突

每个高职学生入学前都有过辉煌和骄傲，但高职院校校园群英集聚，自己往昔强者的地位被更强者淹没，理想和现实的反差使许多学生容易产生失落感。

3.缺乏对情绪的准确分析和自控

许多高职学生都缺乏必要的心理健康知识，不能很好地分析自己的情绪，更不能有效地控制情绪，使负性情绪自由泛滥。长此以往，则易使情绪问题加剧。

第二节　高职学生容易出现的情绪问题

一、嫉妒

嫉妒是指一种发现他人在某些方面胜过自己时而产生的不快、怨恨、痛苦等的情绪体验。这种情绪体验对个体的身体健康极为不利，有这种心理状态的人常常会感到压抑，胸中郁闷，整日忧心忡忡，长此以往会导致饮食减退、夜不能寝、烦躁易怒、疲劳无力、机体防御机能下降、免疫力减低，最终可能导致一系列生理疾病；另外，嫉妒破坏情绪、干扰心境、妨碍心理平衡，还会影响人的判断力和自我控制力。

高职学生嫉妒情绪的产生具有一定的原因，概括来说，这些原因主要包括以下几方面：

第一，耽于幻想。有些高职学生不切实际，当发现别人比自己强时，不是努力去赶上别人，而是在想象中安慰自己，而当现实击垮他们的幻想时，就会产生嫉妒心理。

第二，幼稚、不成熟。有些高职学生心理仍不成熟，不能全面地看问题，经常走极端，又不能从失败中吸取教训，一旦事与愿违就会产生嫉妒心理。

第三，虚荣心强。有些高职学生过分关心别人对自己的评价，当自己不能成为别人关注的焦点时，就会对取代自己的位置的人产生嫉妒心理。

第四，独占欲强。有些高职学生对自己的要求极高，希望所有的好事都发生在自己身上，一旦他人得到自己认为的荣誉和好处，就会产生嫉妒心理。

二、焦虑

焦虑是一种非特定的、不知所以然的提心吊胆与紧张不安的情绪状态。现代生活中的许多高职学生都经常会体验到这种情绪，高职学生的压力越大，这种情绪体验就越明显。

（一）高职学生常见焦虑情绪的种类

高职学生常见的焦虑情绪主要有反应性焦虑和神经质焦虑两种。

1.反应性焦虑

反应性焦虑是一种暂时波动的情绪状态，它由可以感知到的外在危机引起，具有客观性、情境性与意识性，是每个人都会碰到的一种体验。

2.神经质焦虑

神经质焦虑是由于长期的焦虑体验的累积，在人格特质中残余成为一种相对稳定的成分，成为一种根深蒂固的人格特质。神经质焦虑患者除了感受一般焦虑症状的压迫，如提心吊胆、心神不宁外，还常常伴随一系列明显的神经生理反应甚至植物神经系统的功能障碍，比如感到窒息、恶心、出冷汗、心悸手颤、胃痛腹泻、食欲减退、失眠等。

（二）高职学生常见的焦虑情绪

1.形象焦虑

高职学生的形象焦虑主要是指担心自己的外貌不够漂亮、没有魅力。通常是由身材矮小、肥胖、脸上有粉刺、雀斑、胎记等引起的焦虑。

2.学习焦虑

与初中时代相比，高职院校阶段的学习环境、授课方式等发生一定的变化，这就使得部分高职学生对于学习感到无所适从，从而出现了学习焦虑的情绪。

3.社交焦虑

社交焦虑是指高职学生对于人际交往具有强烈的紧张不安或者恐惧的情绪反应，在社会交往中对自己缺乏自信心，不敢或者不愿与人交往，或者被动交往时产生极度紧张、恐惧的情绪。

4.考试焦虑

考试焦虑通常是高职学生担心考试失败或刻意要求取得更好的考试成绩而产生的，具体表现为总将自己的成绩与同伴相比较，对考试成绩缺乏自信或经常产生失败的预想，考试之前焦躁不安、失眠、记忆力减退，考试过程中产生与考试无关的想法和知识遗忘现象。

5.择业焦虑

择业焦虑是指高职学生由于不能很好地适应以及解决在择业过程中出现的各种问题而产生的焦虑情绪。主要表现为面临择业过分紧张，甚至产生逃避心理。

三、自卑

自卑是个体由于某种生理或心理上的缺陷或其他原因而引起的轻视自我的态度体验，表现为轻视自己或看不起自己，担心失去他人尊重的心理状态。这种心理状态很容易产生一种压抑、孤独的情感，严重地影响着个体的生活和工作。自卑有两类典型行为：一类是比较简单、明显，内部的自卑意识通过行为表现出来；另一类是不承认自己的不足，竭力掩饰自己，使他人觉察不到他有自卑。

需要指出的是，自卑并不总是一种独立存在的情绪状态，它时常和其他情绪一起出现，或作为某种心理疾病如抑郁症的一个症状而表现出来。因此，分析自卑产生的原因、过程及研究克服自卑的方法时，都应结合其所伴随的其他不良情绪来进行。

高职学生自卑情绪的产生往往具有一定的原因，概括来说，这些原因主要包括以下几方面：

（一）主观原因

自卑的产生与高职学生的主观因素密切相关，同样条件的高职学生，有的可能会自卑，有的则毫不在意，这就与学生个体的心理状态有密切关系。

（二）客观原因

引起高职学生产生自卑情绪的客观原因有很多，概括来说，这些原因主要包括以下几方面。

第一，感觉自己在家庭出身、生活环境、能力及专业等方面不如别人。

第二，对自己生理素质的不满意，如在长相、身高、体态等方面不如他人，为此感到自卑，特别是那些有严重疾患和缺陷的人。

第三，好胜心受到挫折，如学习上的失败，以及由理想和现实冲突所带来的优势感丧失。

第四，自尊心得不到应有的尊重。一个高职学生如果经常受到老师的责备和同学的疏远冷淡，那么他就很容易产生自己被别人瞧不起的自卑感。

四、抑郁

抑郁是一种由情绪低落、冷漠、悲观、失望等构成的一种复合性负情绪。抑郁可以是许多心理疾病的症状之一，也可以是一种相对轻微的心境状态。抑郁者常用错误推理进行自我贬低，自我责备。抑郁还包括愤怒、恐惧、悔恨、负罪感等多种情绪成分，它们相互交织，纠结在内，形成一种恶性循环。

概括来说，高职学生常见的抑郁情绪主要包括以下几个方面：

第一，身体不适。有身体不适感，但医学检查无明显生理病变，这种身体不适多为不明原因的疼痛、疲劳、睡眠障碍、便秘、心悸、气短等病症。

第二，快感缺失。轻者表现为对事物缺乏兴趣、做事缺乏主动性、不愿与他人交往、对各种娱乐活动或令人高兴的事体验不到乐趣；重者表现为疏远亲友、闭门独居、完全杜绝社交。

第三，抑郁心境。轻者表现为无精打采、心情不佳、苦恼、忧伤，终日唉声叹气；重者表现为悲观、绝望，甚至有自杀倾向。

第四，睡眠障碍。睡眠障碍主要表现为入睡困难，早醒。也有少数的人表现为睡眠过多。

第五，食欲改变。轻者表现为进食减少或食欲增强，体重骤增或骤减；重者表现为终日茶饭不思。

第六，自杀念头和行为。抑郁症严重的人会采取自杀这种极端的方式来摆脱痛苦，这是抑郁症最危险的行为。

五、愤怒

愤怒是由于外界干扰使人的愿望实现受到阻碍，从而使人们内心产生的一种激烈的情绪反应。心理学表明，当愤怒发生时，可能导致人体心跳加快、心律失常、高血压等躯体性疾病，同时还会使人的自制力减弱甚至丧失，思维受阻、行为冲动，甚至做出一些事后后悔不迭的蠢事或造成不可挽回的损失。

高职学生愤怒的产生往往具有一定的原因，概括来说，这些原因主要包括以下几方面：

第一，高职学生正处在身心急剧发展、激情澎湃的青年时期，往往好激动、易动怒，常常会因一句刺耳的话或不顺心的小事而暴跳如雷；因别人的观点或意见与自己不合而恼羞成怒。

第二，高职学生具有较强的自尊心和好胜心，当其自尊心、人格受到侮辱的时候，就容易产生愤怒情绪。

六、冷漠

冷漠是一种对外界刺激漠不关心、冷淡、退让的消极情绪体验。它包括缺乏积极的认识、活动意向减退、情感冷漠、意志衰退、思维停滞等。

高职学生的冷漠一般表现为三种。第一种，角色性冷漠。高职学生，特别是成绩和能力不怎么突出的学生，在学校或班级各项活动中不能进入预定的角色情绪，就会出现角色失落和角色冷漠。第二种，倦怠性冷漠。在我国应试教育的背景下，高职学生大都处于枯燥乏味的学习当中，时间一长，很容易感到厌烦和抵触，产生倦怠性冷漠。第三种，忧郁性冷漠。高职学生如果不能很好地平衡自己的心理，对于目前所处的境遇感到不满，又无力改变现状的时候，浓浓的失落感会将其包围，整个人精神萎靡。

冷漠状态对高职学生的身心危害极大，它往往是个体压抑内心愤懑情绪的一种表现。冷漠的表面背后，深藏着他们的孤独、痛苦和不满。之所以表现出冷漠是因为他们无处宣泄，也无人交流，内心的情绪情感一直处于压抑的状态，会对其产生极为不利的影响。

导致部分高职学生情感冷漠的原因是多种多样的。一方面，高职学生已经进入了开始独立探讨生活意义的阶段，而学校却没有为其营造好的氛围，没有关注他们的需求。另一方面，学校大多比较关注学生的知识教育，而在其他方面比如爱和感恩的教育却非常缺乏。当高职学生产生冷漠情绪时，应当积极行动起来，分析自己产生冷漠情绪的原因，找出症结，勇敢面对。

七、狂喜

人逢喜事精神爽，春风得意马蹄疾。快乐的情绪对每个人都是必要的，对人的身心健康和事业成功也是有益的。但遇到高兴的事，就欣喜若狂，手舞足蹈，忘乎所以，没有节制，那么很可能会起到相反的作用。俗话说乐极生悲，如有的同学为了满足自己的兴趣爱好，尽情地跳舞、游玩、打牌、下棋、参加体育比赛，弄得精神疲惫，无心学习，事后又感到极度的空虚，造成精神压力。这说明适时、适度的积极情绪是有利于身心健康成长的，但积极情绪也会因反应过度对人的全面发展造成不良影响。

八、骄傲

骄傲是认为自己了不起，看不起别人的情绪体验。青年高职学生骄傲情绪的外部表现不像中小学生那样外露，而是一种内在排斥他人的心理状态，常常表现出对别人的讲话、作品、行动等不屑一顾，否定的多，肯定的少等。其直接后果是影响学习，人际关系淡漠，上进心削弱，自私心理发展，因此，要注意防止这种情绪的产生，既要肯定自己，也要看到别人的长处。学海无止境，要虚心向别人学习自己不懂的东西，只有克服自己的骄傲情绪，才能真正成才。

九、挫折

挫折会使人产生失望的情绪，失去自信和自尊，严重的可引起极度痛苦，情绪消沉或行为异常，甚至引起疾病。因此，要注意克服挫折情绪的消极作用，如一次考试失利后，可以认真总结经验，找出原因，奋发图强，下次考好。

导致高职学生不良情绪产生的原因错综复杂，从心理角度分析，有如下三个方面的原因。

第一，不承认某种情绪性因素的存在，把受到困扰的情绪隐藏起来，最终引起心因性疾病。如《红楼梦》中的妙玉，虽对宝玉情意绵绵，但因自己是出家人，只得把自己的心愿和情绪深深地压在心底，不能也无勇气承认这种心理因素的存在。

第二，不能发现或查找产生某种情绪的原因，因而无法铲除产生这种情绪的根源。《三国演义》中的周瑜，虽智勇双全，但因不能正确分析客观形势，又不能查找自己情绪出问题的原因，终于禁不住诸葛亮的"三气"，兵败身亡。

第三，不能寻求适当的途径来克服某种不健康情绪的存在。正常人，对其出现惧怕事物的心理会进行细心的分析，了解其性质和危害，若发生悲伤、忧愁的事情，尽管作用常常会较长久，也会寻求出适当途径解忧，而情绪受困扰的人则无法主动做到这一点。南唐李后主满腹幽怨，只能空喊几声"问君能有几多愁，恰似一江春水向东流"，不但未能解忧，反而添加了更多的愁，这是不可取的。

第三节　高职学生情绪管理的策略

一、改变对情绪的认知，消除误解

关于情绪，人们大多有以下几个误解。

第一，不良情绪是不好的。人们经常用来安抚情绪的一句话是"不要哭，不要难过"，其实，这句话在很大程度上表明了人们对于情绪的看法，即人们认为哭是不好的，人要坚强而不是难过。人们不希望拥有负面情绪，希望自己可以一直保持积极向上的心态。

但是在事实上，情绪是个信号灯，是在提醒和推动我们去了解、反省自身或他人的处境和状态，以便更好地适应环境、生存和发展。尤其当人们遇到对自己有重大影响的事件时，出现难过、伤心、愤怒等情绪都是正常的。恰当的态度是接纳自己的情绪、真实地面对情绪，这时身边的人也会收到你发出的信息，知道你正处于困难之中，需要他人的帮助。

第二，对于不良情绪要进行压抑。压抑是一种心理防御机制，通过把那些危险或痛苦的想法、感觉排除在感知系统外，帮助人们控制在某些情境中产生的内疚感和冲突的焦虑感。尽管压抑会暂时帮助我们应对困难，但是与此同时，压抑也将这种压迫感封闭起来。这种以压抑隐藏自己的情绪而维护个人形象，或是顺从权威、保持人际关系稳定的做法，或许会换来一时的安定，但是长此以往，则有可能出现身心问题。现实主义疗法的创始人、精神病学家威廉·格拉瑟认为，身心疾病是一个创造的过程，在没有查清身体原因的慢性疾病中，我们的身体会进行创造性的斗争来满足我们的需要。研究发现，很多身心疾病都是不良情绪造成的。长期压抑自己的情绪，不仅容易患上偏头痛、胃溃疡、癌症等疾病，而且可能导致各种精神疾病的发生。

　　对情绪表达的抑制还表现在性别的差异上：对于男性而言，很多国家的文化里并不提倡男性通过哭泣或其他方式表达悲伤等情绪，因为这样的表现会使男性显得软弱、无能；对于女性而言，尤为明显的情绪抑制，表现在不提倡女性表达愤怒的情绪上，在很多国家，表达愤怒的女性通常与无教养、低素质相挂钩。实际上，某些文化给个体身上强加的符号使得我们无法正常表达自身的情绪，而这样的做法其实极其不利于我们的成长。

　　第三，认为情绪不重要。生活中，有些人常忽视情绪的存在，他们认为，人根本不应该有什么情绪，情绪也是不重要的。这类人可能过度强调主观意志，对情绪采取不管不顾的态度。从短时间来看，也许可以迫使人们把注意力放到工作上，但实际上，过多的情绪已经让人们无法专心工作。这时候，应该暂时放下手边的工作，让自己放松下来。只有当心情变得舒畅起来，效率才可以提高。

　　高职学生应该消除以上几种误解，对情绪有一个正确的认知。不要视情绪为敌人，而要主动去认识、了解并体验自己的情绪。既要学习、增加并积累积极的情绪，又要接纳并处理好负面情绪。负面情绪具有重要的价值，如痛苦是受创后的解毒剂，恐慌是面临危险时的信号，内疚则能使人不再犯同一种错误。同时，在"心乱如麻"和"不知所措"之类的情绪产生时，人很难做出高质量的决策，这时要"先处理情绪，再处理问题"。情绪先行，情绪缓解或变好了，对问题的思考才能周密。所以，在面对负面情绪时首先要坦然接纳并体验，然后再想办法采取建设性的方式去解决问题。

二、养成科学的生活方式

　　人的生理和心理是互相影响的，生理的健康是心理健康的前提，因此，高职学生一定要养成科学的生活方式，只有这样，才能保证自己的情绪健康。比如，吸烟是有害健康的，吸烟不仅会引发各种疾病，而且还会导致个体出现不良情绪。医学研究表明："人体能够制造一种叫'脑啡'的物质，它是一种天然体内镇静剂，能过滤令人不快的刺激物，减轻病痛，使人快乐，同时保持轻松的心态和乐观的想法。"而吸烟恰恰抑制了"脑啡"的产生，所以，从心理学上说，吸烟是极度有害的。此外，酒精会降低人的自控水平，产生激情，许多高职学生的违法乱纪行为就是由酒后行为失控引起的。因此，高职学生为了自身的情绪健康，应该养成科学的生活方式，自觉远离烟酒。

三、建立良好的人际关系

一个人在良好的人际关系中获得理解、安慰等精神上的支持，可以减轻和消除心理应激带来的紧张、痛苦、焦虑、抑郁等不良情绪。良好的人际关系能够满足人的安全感和归属感的需要，使人情绪稳定，精神愉快。人有一些基本需要必须在与他人交往时才可能满足，如得到他人的爱与尊重、包容需要、支配需要等。这些需要必须要得到满足，才有利于健康情绪的产生与维持。因此，要引导高职学生学会交往，提高社交技能，以培养健康的情绪。

四、确立正确的人生态度

人的情绪是建立在人生态度基础之上的，确立正确的人生态度是培养积极健康情绪的重要手段。

面对相同的事物和情境，怀有不同人生态度的人会有不同的反应和情绪。比如，大部分诗人在描写秋天的时候都会赋予其萧瑟悲凉的情感，但是刘禹锡却说"自古逢秋悲寂寥，我言秋日胜春朝"。又如，在战争年代，有那么多的爱国勇士面对种种艰难困苦甚至是生命威胁，都能保持乐观的状态，而现在很多高职学生仅仅只是经历了一些小的挫折就觉得承受不了，这就是因为他们没有坚定的人生信念，没有强有力的精神信念在他们绝望的时候支撑他们。因此，只有帮助高职学生确立正确的人生态度，才能使他们在困扰面前百折不挠，始终保持乐观向上的情绪状态。

五、培养幽默感

幽默感对于人们适应生活和工作来讲，是一个非常有利的因素。当一个人发现不协调现象时，想做到既能客观地面对现实，又能不使自己陷于激动的状态，那么最好的办法是以幽默的态度应对，这样往往可以使本来紧张的情绪变得比较轻松，使一个窘迫的场面在笑语中得到缓解。

幽默是人们的一种心理行为，学会幽默可减轻心理上的挫折感，求得内心的安宁。幽默还是一种自我保护方法，对心理治疗特别有帮助。幽默感强的人，其体内新陈代谢旺盛，抗病能力强，可以延缓衰老。埃利斯认为，情绪困扰常源于自己过于严肃，以至于对生活失去了广阔的视野和幽默感。因此，幽默可使人从新的角度看待生活，对抗沮丧、失意等。

六、进行适当的自我定位

与中学时期完全不同的环境，完全不同的人际关系，这些都对高职学生提出了挑战。很多高职学生在入学之后都会或多或少地感受到失落、孤独和迷茫。因此，一定要找准自己的定位，知道自己的优劣势。

高职学生还处于青春期，他们大都精神焕发，积极进取。但是，由于他们的认知水平还不是很成熟，再加上现代社会诱惑较多，他们很容易走上歧路，陷入盲目竞争、互相攀比的怪圈，这对于他们的发展是非常不利的。高职学生一定要保持平和的心态，对自己进行真实的定位，也要积极寻求和自己互补的同学合作。

七、积极参加各种娱乐活动

娱乐是调节情绪、愉悦身心的好方法。娱乐内容要丰富和健康。要想保持积极乐观的心态，高职学生应积极参加各种文体活动，如打球、登山、跑步、唱歌、看电影、练书法、下棋等，从这些活动中体验到参与的乐趣，从而使自己的情绪能够健康发展。

八、正确对待挫折

（一）对挫折有充分的思想准备

对挫折有充分的思想准备，遇事考虑到可能遇到的挫折，有了思想准备，就能披荆斩棘不徘徊。

（二）看到挫折有利的一面

看到挫折有利的一面。适度的压力有利于调动肌体能量，思想上的压力常是精神上的兴奋剂。自古逆境出人才，要把挫折看作是对自己的考验和锻炼。

（三）加强意志力的培养

要树立积极的人生观和远大的目标，有意识地寻找一些有一定难度的事磨炼自己的意志，培养百折不挠、勇于探索的精神。

（四）健全心理防卫机制

防卫机制可有积极与消极之分。

1.积极的防卫机制

积极的防卫机制促使人产生奋发向上的力量，是战胜挫折的根本方法。它主要包括以下几方面。

（1）升华

升华指个体将因挫折产生的压力引向崇高的、对社会具有创造性和建设性的作用的活动上去。如高职学生失恋后全身心投入学习活动中，即是一种升华。

（2）理智

理智指以积极的态度承认和正视挫折，分析其产生的原因和总结经验，并以坚定的信念、顽强的意志和科学的方法战胜挫折。它是一个人心理成熟的重要标志。

（3）补偿

当某种动机受到挫折不能达到目标时，以另一种目标代替。例如，有的高职学生因有某种生理缺陷无法在运动场上胜过别人，因而在学习上加倍努力以取得好成绩来维护自尊。

（4）幽默

幽默也是一种积极的防卫机制。高职学生在遇到挫折时如果能够具有幽默感，那么消极情绪就会缓解很多。

2.消极的防卫机制

除了积极的防卫机制外，人们在遭受挫折后还会使用一些多少带有消极性的防卫机制来保护自己。

（1）投射

投射，即认为他人具有与自己类似的动机、情感或欲望，以此为自己的行为辩护。

（2）文饰

文饰，即为自己的行为寻找社会可接受的理由以维护自尊，缓冲失败与挫折。

（3）自居

自居，即把他人具有的，使自己感到羡慕的品质附加到自己身上，以使自己得到间接的荣耀，减低挫折感。

（4）反向

反向，即行为向动机相反的方向进行，如虚张声势可能反映内心的惧怕。

（5）压抑

压抑，即设法使自己不注意那些引起焦虑的特定思想、愿望或记忆而减轻焦虑。

上述消极的防卫机制使人否定或脱离现实，曲解引起焦虑的事件，因而能暂时将焦虑减少到最低限度，使内心获得平衡。但消极性的防卫机制只可作为缓解痛苦、避免精神崩溃的权宜之计，使用过多过久，则可能导致焦虑加重的恶性循环。高职学生们应着重发展积极的防卫机制，提高战胜挫折的能力。

九、加强性格锻炼

情绪的波动还和性格有着密切联系。性格不同的人，在情绪活动特征上也会有很大的不同。要保持健康的情绪状态，还必须考虑到自己的性格特征，注意克服性格方面的缺陷。一般来说，性格特征倾向于外向的人，比较乐观、开朗，生活中遇到不顺心的事情时，一般能够想得通，易于在情绪上自我解脱；性格特征倾向于内向的人，在困难面前优柔寡断，在危险面前表现出恐惧和畏缩心理，在受到挫折以后，常心神不安，不能迅速转向新的情绪。

十、保持和创造快乐情绪

人类不仅具有改变不良情绪的能力，更具备创造快乐情绪的能力。以下几种方法可以帮助我们保持和创造快乐的情绪。

（一）增强自信心

只有自信的人，才能是快乐的。增强自信心是获得愉快情绪的基本条件。

（二）知足常乐

知足常乐的秘诀在于把理想和需要定得切合实际，增加获得成功体验的机会。

（三）创造快乐

第一，善于用微笑迎接困难，从战胜困难的努力中寻找自己的乐趣。
第二，善于从身边平凡的琐事中发掘乐趣，积极参与生活，体验生活乐趣。

（四）多交朋友

朋友之间可以相互谈心，可以经常将自己的一些不良情绪倾诉给朋友听，这样做可以减轻自己的痛苦，增加快乐的情绪。

十一、创造健康的社会心理氛围

（一）心理治疗

心理治疗是一种通过心理学的相关理论与方法，改变患者的不良心理状态和行为，促进心理健康的治疗方法。心理治疗一般由专业心理医生对个体进行实施，但也可以通过团体治疗、家庭治疗等方式进行。

（二）心理咨询

心理咨询是一种通过交流、建议、指导和支持等方式，帮助患者了解自己、解决问题、调整情绪、提高应对能力和行为质量的治疗方法。心理咨询一般由专业心理咨询师对个体或团体进行，可以通过电话、网络或面对面等形式进行。

（三）心理教育

心理教育是一种通过讲座、培训、互动和个案研究等方式，帮助患者了解心理学知识、掌握心理调节技能、促进心理健康的教育方法。心理教育一般由专业心理教育人员开展，可以通过课堂、小组讨论、个别辅导等方式进行。

（四）心理危机干预

心理危机干预是一种针对遭受重大心理创伤的患者，通过紧急治疗和干预，帮助患者恢复心理健康的治疗方法。心理危机干预一般由专业心理医生进行实施，可以通过面对面、电话或网络等形式进行。

十二、培养高级情感

（一）高职学生的高级情感及其特征

高级情感是指人的复杂的社会情感，可分为道德感、理智感和美感三种。

1.道德感

道德感是反映一定社会道德规范所形成的道德需要是否得到满足而产生的情感体验。这是在一定社会文化背景下，根据道德准则和规范来认识和评价他人和自己的言行所产生的主观体验。对高职学生来说，道德感主要包括以下几方面。

第一，对敌人的仇恨感。

第二，对祖国和民族的自豪感和尊严感。

第三，对不良行为的正义感。

第四，对集体的集体感、荣誉感。

第五，对同学的友谊感。

第六，对学习、劳动及社会活动的义务感、责任感，对事业的使命感等。

2.理智感

理智感是人在认识客观事物、探求真理的过程中，求知欲、兴趣和创造意识等需要是否获得满足所产生的情感体验。理智感实际就是人们追求真理的情感。凡涉及高职学生智力活动的场合，高职学生的理智感都有明显的表现。高职学生理智感的状况与志趣的取向有密切的联系。这主要表现为同一学生对不同学科的兴趣差异将影响理智感的状态。反过来讲，对学科缺乏兴趣，是影响高职学生理智感发展的重要原因。

3.美感

美感是客观事物是否符合个人审美需要而产生的情感体验。美感的水平同文化修养、能力和个性特征密切相关，也与时代性、民族性有着不可分割的联系。美感是从具体的形象得来的，因此具有形象直观性和可感性。如，对自然事物的赞美，对社会生活的向往和对人与人之间和谐关系的称羡，对音乐、美术、舞蹈的欣赏等，无一不体现这种特性。美感包含内容的丰富性和复杂性，以及高职学生校园活动的特殊性，决定了高职学生的各类美感都有一定程度的发展。但是文化水平、能力和个性特征的差异性，又决定了比其他情感有更明显的差异性。

（二）培养高级情感的主要途径

1.认识自己和社会

只有对自己有较全面而深刻的认识，才能发现自己需要什么；也只有认识社会，才能在个体需求和社会规范、社会需求中建立和谐的联系。

2.丰富知识和经验

对客观事物所持的态度和体验往往是与个体对客观事物所知多少及已有的经验分不开的。只有在丰富的现实生活中，积累大量的知识和经验，才能不断提高认知水平。而积累大量的生活经验，是以丰富的生活内容为基础的。如果一个高职学生不乐于参加各种活动，就会感到生活单调、无聊，甚至精神空虚，理智感、道德感、美感必然得不到良好的发展。

3.优化个性品质

在个性品质中，意志品质将对培养高级情感产生深刻的影响。因为意志薄弱者永远做自己不良情绪的俘虏，只有意志坚强的人，才能做自己情感的主人。从这个意义上讲，优化个性品质特别是意志品质是培养高级情感的重要途径。

十三、掌握调控不良情绪的方法

（一）自我暗示法

自我暗示又称自我肯定，是对某种事物积极的叙述。自我暗示既可以自己默默地进行，也可以在无人的环境中大声喊出来，或者通过别的方式表现出来，总之就是要肯定自己。善于自我暗示的个体绝对是自信的、从容的。暗示在本质上是指人的情绪和观念会不同程度地受到别人下意识的影响。

（二）转移注意力法

转移注意力是调控不良情绪的有效方法，在不良情绪产生之后，个体应该将其注意力分散开来，转移到其他活动中去。高职学生在平时要多培养自己的兴趣爱好，这样，当不良情绪来袭的时候，可以将注意力转移到这些兴趣爱好上去，调节自己的情绪。比如可以去散步，去看电影，去做做运动，去野外郊游等。在这些活动中慢慢将不良情绪消化掉，获得快乐。这种方法的优点是可以有效防止不良情绪的继续蔓延，而且通过新的活动也可以使自己产生新的积极情绪体验。

（三）合理宣泄法

合理宣泄又可以分为以下几种。

1. 哭泣性宣泄

通过号啕大哭或偷偷流泪的方式将消极情绪宣泄出来。哭泣性宣泄是有科学道理的。科学研究表明，眼泪可以将身体内部一些导致情绪压抑和使之感到伤心的化学物质排出体外，进而缓解不良情绪。

2. 倾诉性宣泄

俗话说："快乐有人分享，是更大的快乐；痛苦有人分担，就可以减轻痛苦。"不愉快的事情隐藏在内心深处，会增加心理负担。当出现不良情绪时，高职学生大可不必自己承受，可以对自己足够信任的好朋友倾诉，这样不仅可以排解不良情绪，还会获得情感上的理解和支持。

3. 运动性宣泄

医学研究表明，运动可以使人的情绪得到振奋。长跑、游泳和踢球等有氧运动，不仅可以使人在运动过程中忘记烦恼，还可以让人达到锻炼身体的效果。建议每周3~4次，每次持续30分钟。

4. 书写性宣泄

通过写信、写文章、写日记等多种方式，抒发内心的各种不满、焦虑和悲伤。这种宣泄方法具有隐私性，非常适用于内向的学生。

(四)生理放松法

当人处于消极情绪状态的时候,身体肌肉往往是紧张的,如果从放松肌肉入手,可以起到很好的调整情绪的作用。深呼吸就是一种特别容易操作而且非常有效的方法。

具体做法如下:选择一个舒服的姿势,长长地吸气,再慢慢地呼气。让膈肌做缓慢的升降,腹肌做有力的回收,尽量找到"前胸贴后背"的感觉,然后再慢慢地呼气。当然,洗个热水澡、放松肌肉、按摩等都是很好的放松身体进而调整情绪的方法。

通过肌肉的拍打也可以起到一定的放松作用。一手握空拳,首先拍打上身,用合适的力度拍打一侧肩膀、后背、胳膊,当感觉已经放松下来,更替拍打身体的另一侧,同样要对肩部多用一些时间。还要同时拍打腹部、肋骨部位的肌肉,力度不必太大。然后,依次拍打下肢,膝盖侧面是重点拍打部位。接着,对尚有肌肉紧张的部位再次重点拍打。通过这样的拍打,你会感到身体的肌肉非常放松、非常舒服,血液的流动也畅通很多。这时候你的心情也就随着肌肉的放松而放松了。保持这种状态,很容易就可以睡着。

(五)音乐催化法

音乐可以使人的精神得到慰藉和净化,帮助人从狭小的、喧闹的现实进入崇高广阔的精神境界。一个人如果因焦虑、忧郁、紧张而失眠,那么可以听听古典音乐或轻音乐,调整大脑神经系统,减轻某一部分的疲劳程度,从而达到心理平衡,缓解情绪。

(六)提高升华法

提高升华法是一种最为积极的情绪自我调节控制方法,是最有效的情绪宣泄方式。在我们现实生活中,一个犯有错误的同学用洗刷污点、勤奋学习的形式来创造美好的未来;一个学习、生活、恋爱上受过挫折的人,把痛苦转化为对事业的执着追求;具有严重进攻性特征的人,将其精力转向为热爱各种体育项目等。这些都是有意义的升华。

（七）压抑遗忘法

压抑是指对一些既无法升华，又不能转移的不良情绪，用意志的力量将它们排除出自己的记忆，予以遗忘，来保持心理的平衡。挫折被暂时遗忘，便暂时达到了心理的平衡，挫折被永远遗忘，因这种挫折而产生的不愉快的情绪体验便会消失。在发生重大挫折时，人们往往力图变换环境，离开或改变产生挫折的情景，这样有利于遗忘所受的挫折；或者随着时间的推移，所受挫折产生的情绪逐渐减弱以至消失。不过，压抑不是消失，受挫后的痛苦体验只是在意识的管辖下暂时潜伏着，或者说，由意识的境界转入潜意识的境界。从心理健康的角度分析，压抑是必要的，一定的压抑可以免受各种挫折和痛苦，维持心理平衡。但压抑也有一个限度，压抑过久或过度，又会引起各种心理疾病。因此，对于无法压抑的情绪要以符合社会行为规范的适当方式宣泄出来，如无端受辱可以去法庭起诉，使犯罪者受法律的制裁等，以此来达到心理平衡。

（八）理智消解法

理智消解法应做到以下几方面。

第一，要承认不良情绪的存在，并主动认识自己的不良情绪。

第二，要弄清不良情绪产生的原因，弄清自己所气恼、忧愁、愤怒的事物是否真的可恼、可忧、可怒。若发现事出有因、情有可原，不良情绪也会得到消解。

第三，确有可恼、可怒的理由，则要寻求适当的方法和途径来解决。只要解决了引起不良情绪的原因，不良情绪也就自然消解了。

第六章　高职学生安全管理的理论与策略研究

人类从诞生的那一天开始，就必须面对安全问题。安全是人类生存和发展的基础，也是社会存在、发展的前提条件。对高职学生进行安全教育，让高职学生学习安全防范知识，增强防范意识，掌握防范技能，提高防范能力，有利于创建一个安全稳定、健康有序、文明和谐的校园环境。

第一节　安全管理概述

一、安全管理的概念

安全管理是指根据国家有关法规，运用科学管理的理论和方法，协调各种力量，预防各类事故、案件的发生和避免人员非正常伤亡的活动。

高职学生安全管理是指在教育教学、学习生活、实践活动等过程中，对可能发生的涉及学生的安全问题，运用有效的资源，采取科学的手段，发挥员工的作用，通过决策、计划、组织、协调、控制等活动，实现学校各管理环节过程中人与物、人与人之间的和谐，达到预防安全危机或安全事故发生的目的。

二、高职学生安全管理的特点

高职学生安全管理有以下特点（图6-1）。

图6-1 高职学生安全管理的特点

（一）全面性

高职学生安全管理具有全面性的特点，其主要表现在以下几个方面：

1.安全管理对象的全面性

高职学生安全管理涉及学生的学习、生活、实践等方方面面，包括学生的人身安全、财产安全、信息安全等方面，需要针对不同的安全问题采取相应的管理措施。

2.安全管理主体的全面性

高职学生安全管理需要各方面的合作和支持，包括学校领导、管理人员、教师、学生等，需要全员参与、共同推进。

3.安全管理内容的全面性

高职学生安全管理包括安全意识、安全知识、安全技能等方面，需要对学生进行全面的安全教育和培训，提高他们的安全意识和自我保护能力。

4.安全管理过程的全面性

高职学生安全管理需要在决策、计划、组织、协调、控制等各个方面进行，通过有效的资源利用和科学的手段运用，达到预防安全危机或安全事故发生的目的。

（二）动态性

高职学生安全管理具有动态性的特点，其主要表现在以下几个方面：

1.学生安全管理手段具有动态性

高职学生安全管理需要不断更新和改进管理手段，根据学生的需求和问题采取相应的管理措施。管理人员需要不断学习新的安全管理知识和技能，提高管理水平和效果。

2.学生安全状态具有动态性

高职学生的安全状态是不断变化的，不同的学生处于不同的安全状态。学生安全管理人员需要针对不同的学生安全状态采取相应的管理措施，及时跟进和处理学生的安全问题。

3.学生安全事件具有动态性

学生安全事件的发生和发展是一个动态的过程。管理人员需要及时掌握事件的发展情况，采取相应的应对措施，控制和处理事件。

（三）科学性

高职学生安全管理具有科学性的特点，其主要表现在以下几个方面。

1.高职学生安全管理需要进行数据分析

高职学生安全管理需要依靠一定的数据分析，如学生安全问题统计、事件发生规律分析等，通过数据分析，掌握学生的安全问题和其发展趋势，为制定管理决策提供依据。

2.高职学生安全管理需要进行理论指导

高职学生安全管理需要遵循一定的理论指导，如安全管理学、心理学、社会学等理论，通过理论学习和管理实践，不断提高管理人员的管理水平和效果。

3.高职学生安全管理需要进行风险评估

高职学生安全管理需要进行风险评估，如对校园安全隐患、学生心理问题等进行评估，制定相应的风险控制措施，预防安全事件的发生。

4.高职学生安全管理需要进行经验总结

高职学生安全管理需要进行经验总结，如对学生安全管理实践中存在的问题进行总结和反思，对成功的经验进行总结和推广，不断提高管理水平和效果。

（四）合作性

高职学生安全管理具有合作性的特点，其主要表现在以下几个方面。

1.师生合作

高职学生安全管理需要师生合作，共同推动学生安全工作的开展。教师需要关注学生的安全问题，及时介入和解决；学生需要加强自我管理、自我保护，积极参与安全教育和培训。

2.部门合作

高职学生安全管理需要各部门的合作和支持，如学生处、保卫处、后勤处等部门，各部门共同协调和配合，从而可以实现学生安全管理的全面覆盖和无缝对接。

3.家校合作

高职学生安全管理需要家校合作，家长需要关注学生的安全情况，积极与学校沟通，共同帮助学生提高安全意识和自救能力。

4.社会合作

高职学生安全管理需要与社会各界进行合作，如公安机关、医疗卫生机构等，共同为学生提供安全保障和支持。

（五）预防性

高职学生安全管理具有预防性的特点，其主要表现在以下几个方面：

1.安全隐患排查
高职学生安全管理需要进行安全隐患排查，及时发现和处理存在的安全问题，预防安全事故的发生。

2.安全教育
高职学生安全管理需要进行安全教育，提高学生的安全意识和自救能力，预防安全事故的发生。

3.预警机制
高职学生安全管理需要建立预警机制，对可能出现的安全事故进行预警，及时采取相应的措施进行防范。

4.应急预案
高职学生安全管理需要制定应急预案，针对不同的安全事故制定相应的应急措施，预防和减少安全事故的发生和影响。

（六）责任性

高职学生安全管理需要各级管理人员具备较强的责任感和使命感，落实好安全管理各项工作，确保学生的安全和稳定。具体来说，各级管理人员需要做到以下几点：

第一，高度重视学生安全管理工作，认真履行安全管理职责和任务。
第二，及时掌握学生的安全状况，发现和解决存在的安全问题。
第三，做好学生安全意识的培育和提高工作，普及安全知识和技能，提高学生的自我保护能力。
第四，加强与各部门的协调和配合，共同推动学生安全工作的开展。

第五，严格执行监督检查和奖惩制度，确保各项工作得以有效执行和落实。

第六，在应急处置方面，要迅速、有效地处理和控制安全事故，防止事态扩大。

三、高职学生安全管理的原则

（一）教育性和管理性原则

教育是一种有目的培养人的活动，它规定着人的发展方向。因此，对高职学生进行安全教育必须体现教育性，以教育为主。然而，教育和管理是相辅相成的。教育若失去管理这个依托，就落不到实处；管理离开教育的支持，就不能深入长久。对高职学生进行安全教育，首先要讲道理，传授知识，使高职学生了解、懂得法律和安全的基本知识。但要把这些知识和道理真正内化为学生的自觉意识和自觉行为，还必须创造良好的环境和氛围，需要有必要的制度保障，这就需要严格的管理。只有教育与管理相结合，才能收到实效。

（二）全程性和全员性原则

一方面，高职学生安全教育要贯穿于人才培养的全过程，要分层次、分阶段对学生进行安全教育；从新生入校伊始，根据不同年级、不同时期学生的特点，既要突出重点，有区别地开展安全教育，又要针对不同时期学生的倾向性问题，使安全教育有计划地、系统地进行。另一方面，只有学校各部门的通力合作，齐抓共管，形成全员化教育，才能收到较好的效果。教书育人、管理育人、服务育人是学校的一项重要工作。学校保卫、学工、宣传等职能部门应各尽所职、互相配合，为学生的安全和成长、为学校的正常运营积极工作；专业课老师也要在进行教书育人的同时，主动积极地对学生进行安全教育，把维护校园安全稳定的意识以及学生自我保护的教育渗透到课堂。

四、高职学生安全管理的影响因素

高职学生安全管理的影响因素主要包括以下几个方面（图6-2）。

图6-2 高职学生安全管理的影响因素

（一）家庭教育因素

家庭教育因素是高职学生安全管理的影响因素之一。以下是一些家庭教育因素对高职学生安全管理的影响。

1.家庭教育缺失

一些家长在教育孩子方面存在缺失，对孩子过于溺爱或放任不管，导致孩子缺乏正确的价值观，行为不端，难以适应高职生活等，从而增加了高职学生安全管理的难度。

2.家庭教育方式

一些家长过于严厉或溺爱孩子，让孩子缺乏独立思考和解决问题的能力，孩子一旦离开家庭，很难独立面对各种生活问题和挑战，容易导致安全事件的发生。

3.家庭氛围和家教

一些家庭氛围和家教比较宽松，家长对孩子缺乏管教，对孩子的不良行为采取宽容或者无所谓的态度，导致孩子缺乏正确的道德观念和行为规范，使孩子容易在高职院校生活中出现行为偏差或者违纪违法等问题。

4.家庭背景

一些孩子的家庭背景比较复杂或者存在家庭问题，如单亲家庭、家庭暴力、父母离异等，这些都会对孩子的身心发展产生负面影响，也可能影响孩子在高职院校生活中的行为表现。

因此，家庭教育因素对高职学生安全管理有着重要的影响。家长应该重视家庭教育的作用，加强对孩子的引导和管教，培养孩子正确的价值观和行为规范，同时高职院校也应该与家长进行密切的沟通和合作，共同促进学生的健康成长和安全管理。

（二）社会环境因素

随着社会的发展和进步，高职学生接触到的社会环境和信息也越来越复杂和多样化。网络、手机等新媒体的普及，使得学生可以更加便利地获取信息，但同时也面临着更多的网络安全和不良信息等问题。此外，一些社会不良风气或不法分子的欺诈、犯罪行为等也会对学生的人身安全和财产安全造成威胁。

（三）高职学生自身因素

高职学生自身因素是高职学生安全管理的影响因素之一。以下是一些高职学生自身因素对高职学生安全管理的影响。

1.自我保护意识

高职学生在校园内生活和学习，需要具备一定的自我保护意识，如注意个人财物安全、防范网络诈骗等。然而，一些学生可能缺乏这方面的知识和意识，导致其容易遭受不法侵害或者被骗，增加校园安全管理的压力。

2.年龄和心理成熟度

高职学生虽然在年龄上已经成年，但有些学生的心理可能还不太成熟，容易受到情绪、环境等因素的影响，可能出现行为偏差、违纪违法等问题，增加了学生安全管理的难度。

3.人际关系和行为习惯

高职学生处于一个全新的人际关系环境中，不同的人际关系和行为习惯可能会带来一些冲突和安全隐患。例如，宿舍内部的矛盾、暴力冲突等问题，可能引发校园安全事故。

4.学习压力和心理健康

高职学生面临着学业上的压力和挑战，一些学生可能因为学习压力过大或者心理健康问题而出现各种问题，如沉迷网络游戏、逃课、自残等，这些都会影响学生的身心健康和校园安全管理。

因此，高职学生自身因素对高职学生安全管理有着重要的影响。高职院校应该加强学生心理健康教育，提高学生自我保护意识，帮助学生建立良好的人际关系和行为习惯等，从而提高学生的安全意识和应对能力，保障校园安全管理的有效实施。

（四）队伍建设因素

高职院校校园安全对于高职院校的发展至关重要，而校园安全管理队伍是影响高职院校校园安全的关键因素。因此，高职院校管理者应该高度重视校园安全管理队伍的建设，确保安保人员和安保设备投入到位，并将校园安全作为工作重心之一，以保障师生员工的安全和校园的稳定。

五、高职学生安全管理的主要内容

安全管理作为高职院校思想政治教育的一个重要组成部分，其涉及的内容非常之广泛，且与学校的一切教育活动相联系，具体表现在与学校的思想政治教育、道德教育、民主法治教育、校纪校规教育、心理健康教育等相结合。除此之外，安全管理还有其自身的特色和特定的内容。

（一）人身安全管理

人身安全是指个人的生命、健康、行动、名誉等不受到威胁或影响，人身安全是人们赖以生存和活动的首要条件，是每个人最重要、最基本的安全要求。高职学生的人身安全是指高职学生身体健康不受伤害和威胁。随着各种社会矛盾的出现和高职院校的不断社会化，危害高职学生人身安全的因素也随之增多，再加上高职学生生活空间和交流领域的不断扩展，高职院校高职学生人身伤害事故和案件时有发生。目前，常见的高职院校高职学生人身伤害事件分为两类：一类是高职院校高职学生人身伤害事故，包括高职院校群体性活动、体育运动以及实验实习中的人身伤害事故；另一类是人为侵害造成的高职学生人身伤害案件，包括故意伤害、抢劫、抢夺、滋扰及性侵害等形式。作为高职学生，只有充分保证自身生命安全和身体健康才能顺利完成学业，才能有机会、有能力为祖国和社会作贡献，从而更好地实现自身的人生价值。因此，在高职学生中普及人身安全知识，树立正确的安全防范意识，使具备基本的安全防范知识和能力，尽可能避免各种伤害，对确保其生命安全具有举足轻重的意义。

（二）国家安全管理

作为一名高职学生，应当成为国家安全和利益的自觉维护者，要始终树立国家利益高于一切的观念，熟悉有关国家安全的法律、法规，善于识别各种伪装，还要严守党和国家秘密，自觉同泄密行为和泄密行径作斗争。高职院校作为人才汇集的场所和培养人才的重要基地，向来是国内外敌对势力争夺和破坏的重要目标，他们寻找各种机会进行反动宣传，散布谣言，制造事端，煽动闹事，唯恐学校不乱。对此，高职学生要提高警惕，明辨是非，时刻保持头脑清醒，不上当受骗，不被坏人利用。在发现敌人的破坏活动时要积极向有关部门提供线索，同时进行坚决的斗争，维护学校的安定团结。

（三）常见传染病预防教育

高职院校人员密集，在一定程度上给传染病的流行与传播创造了有利条件。常见的多发传染病主要有：流感、肺结核、肝炎、水痘、带状疱疹、细菌性痢疾、流行性腹泻、流行性腮腺炎、疥疮、手足癣等。因此，在高职院校普及卫生知识、开展健康教育、加强群体性防治，使高职学生掌握防病健身的方法，已成为当务之急，对于培养身心健康、德才兼备的合格的四化建设者有着极为深远的战略意义。

（四）财产安全管理

财产是否安全会直接影响到高职学生的精神状态，一旦财物受到侵犯，学生首先会产生急躁、伤心等消极情绪，处于愤怒、抱怨、憎恨、难受的状态，这种状态会影响其正常的学习和生活；其次，财物是学生学习和生活的工具，失去后会给高职学生的学习和生活带来不便，从而影响学习的效率和生活的品质。为此，高职学生应该学习有关财产安全方面的知识，认识侵财案件的特点，积极预防侵财案件的发生，最大限度地减少财产安全事件的发生。

通常情况下，高职学生在校园里财产被侵犯的主要形式是盗窃和诈骗，其次是传销、抢劫或抢夺、高利贷勒索等。高职学生个人财产的保护途径：一是他力保护；二是自力保护。他力保护就是利用法律、法规和规章，依靠国家行政、司法机关、高职院校保卫职能部门和其他行政组织的保护。自力保护或称自我保护，是凭借自己对财产安全的防范意识和基本常识，依靠自己的力量，对财产的不法侵害进行事前的预防和适时的防卫以及事后的保护。不同形式的侵财行为具有不同的特点，如果高职学生通过认识和学习，增强防范意识，掌握失窃时的应对方法，那么就能冷静地对待失窃案件，并将侵财案件的发生率降到最低。

（五）交通安全管理

（1）学校应加强交通法律法规知识宣传教育。
（2）学校应教育学生选乘合法营运的交通工具。
（3）学校应教育学生选乘车况良好的交通工具。
（4）学校应教育学生自觉遵守交通规则。

（六）防范自然灾害教育

我国位于世界两大灾害带交会地带，是世界上自然灾害频发的国家之一，呈现出灾害种类多、灾害发生频率高、灾情严重的特点。在我国除了火山引发的灾害外，其他所有自然灾害每年都有不同程度的发生。对于2008年的汶川地震，相信每个中国人都还心有余悸。所以，针对高职学生进行防范自然灾害的相关基础知识教育是非常有必要的。

（七）紧急救护常识教育

日常生活中，意外事件和伤害在所难免，有时也难以预料。为了维持受害者生命、稳定伤情、防止继发性损伤，就必须对伤者进行紧急救护。如果我们不及时医治或者操作不当的话，很可能再次对自身或者他人造成三度伤害；如果我们学会了相关知识，能在意外伤害后，正确使用紧急救助的技能实施自救或施救于人，那么可以在很大程度上减少伤者不必要的身心伤害和财产损失。所以，掌握一些急救常识是非常必要的，尤其是对当代高职学生而言，这不仅能提高学生自身的健康素质，而且还能在危急时刻及时帮助他人。

（八）消防安全管理

高职院校校园是人员高度聚集的场所，教学仪器、科研设备和易燃品都很多，用电量大，学生宿舍密集，一旦发生火灾事故，往往会造成人员伤亡和重大财产损失。消防安全作为学校公共安全的重要组成部分，是构建平安校园、和谐校园的重要保障。"隐患险于明火，防患胜于救灾。"让高职学生提高消防安全意识，掌握必要的消防安全技能，懂得火灾预防和学会火场逃生，可以从根本上减少或避免校园火灾事故的发生以及人员的伤亡。

（九）网络安全管理

21世纪网络发展非常迅速。如今，网络已经成为高职学生日常生活、学习的重要组成部分。由于网络具有开放性和传播的便捷性，因此为高职学生提供了丰富的信息资源和广阔的学习空间，成为高职学生学习知识、开阔视野、休闲娱乐、人际交往、展示自我的重要平台。但不容忽视的是，网络是一把"双刃剑"，它也给高职学生带来了一系列的负面影响，如部分高职学生沉迷于玩游戏、网聊、网恋，甚至搞恶作剧等，使其学习、生活受到干扰，并且会诱发违法犯罪行为。因此，高职学生要了解和掌握网络信息安全知识，提高安全意识，切实维护好国家和自身权益。

六、高职学生安全管理的意义

高职学生安全管理的意义主要包括以下几方面（图6-3）。

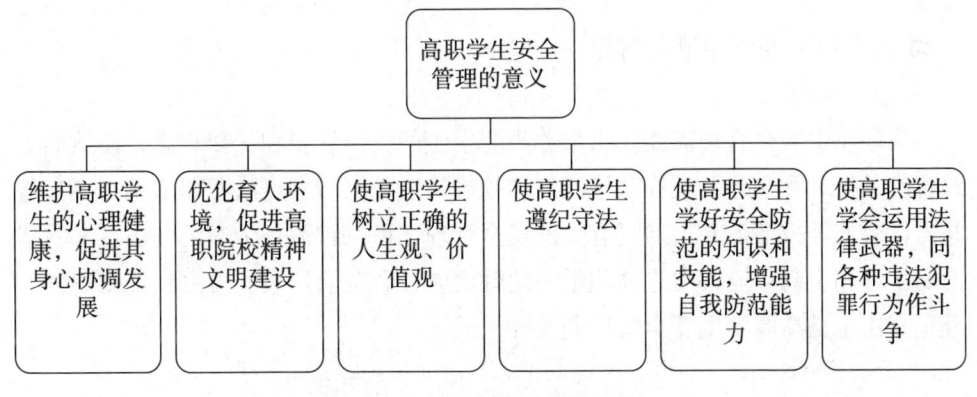

图6-3 高职学生安全管理的意义

（一）维护高职学生的心理健康，促进其身心协调发展

在高职学生安全管理中，需要关注高职学生的心理健康问题，积极采取措施预防和干预学生的心理问题，为高职学生提供一个健康、和谐、稳定的学习和生活环境。通过有效的安全管理，可以减少高职学生面临的心理压力，增强其心理素质和适应能力，使其成为一个身心健康、全面发展的优秀人才。总之，维护高职学生的心理健康，促进其身心协调发展，也是高职学生安全管理的重要目的。

（二）优化育人环境，促进高职院校精神文明建设

通过有效的安全管理，可以营造一个安全、稳定、和谐的高职院校环境，促进高职学生的身心健康发展。同时，高职学生安全管理也有助于培养高职学生的

安全意识、法律意识和道德观念，使他们成为文明礼貌、遵纪守法、具有社会责任感的人才。

（三）使高职学生树立正确的人生观、价值观

高职院校应该注重培养学生正确的人生观和价值观，通过课程设置、校园文化活动等多种途径，引导学生树立正确的行为规范和道德观念，提高学生的安全意识和自我保护能力，促进学生的身心健康发展，从而保障校园的安全和稳定。

（四）使高职学生遵纪守法

高职学生安全管理需要注重培养高职学生的法律意识和纪律观念，使他们了解自己的权利和义务，遵守法律法规和校规校纪，不从事违法犯罪活动，不参与暴力、恐怖等极端活动。通过有效的安全管理，可以营造一个遵纪守法、文明和谐的学习和生活环境，促进高职学生的健康成长和全面发展。总之，使高职学生遵纪守法也是高职学生安全管理的重要目的之一。

（五）使高职学生学好安全防范的知识和技能，增强自我防范能力

高职学生安全管理需要注重培养高职学生的安全意识和自我保护能力，使他们掌握必要的安全防范知识和技能，能够正确地应对各种突发事件和危险情况。通过安全教育、应急演练等活动，可以增强高职学生对安全问题的敏感性和应对能力，保障高职学生的人身和财产安全。所以说，使高职学生学好安全防范的知识和技能，增强自我防范能力，也是高职学生安全管理的重要目的之一。

（六）使高职学生学会运用法律武器，同各种违法犯罪行为作斗争

高职学生安全管理的重要目的是保障学生的生命安全和财产权益，同时也是为了维护学校的正常秩序和教育教学的顺利开展。让高职学生学会运用法律武器同各种违法犯罪行为作斗争，也是安全管理的一个重要方面。

为了保障学生的合法权益，高职院校应当建立健全学生安全管理机制，加强对学生安全的教育和管理。同时，学生应当增强自我保护意识，掌握基本的法律

知识，了解如何应对校园内的各种安全问题，如盗窃、欺凌、火灾等。

此外，高职院校应当加强与当地公安机关的联系，及时处理校园内的违法犯罪行为，维护学校的安全稳定。对于学生中出现的违法犯罪行为，高职院校应当依法依规进行处理，同时加强对学生的法制教育，让学生了解自己的权利和义务，知道如何遵守法律和运用法律武器维护自己的权益。

第二节 高职学生容易出现的安全问题

高职学生安全管理存在的主要问题包括以下几个方面：

一、安全意识培养不够

在高职院校中，学生、教师和工作人员的安全意识培养不够，对安全问题的认识和重视程度不足，缺乏自我保护和防范意识，导致他们在日常生活中容易忽略安全问题，给校园安全管理工作带来困难。

二、安全管理机制不健全

目前，许多高职院校在校园安全管理方面存在机制不健全的问题，缺乏统一的管理和协调机制，导致各个部门之间缺乏有效的沟通和协作，使得校园安全管理工作的开展难度较大。

三、容易出现心理健康问题

高职学生的心理健康问题是高职院校安全管理中不可忽视的问题之一。部分学生在进入高职院校后面临学习、就业、人际交往等方面的压力，容易出现心理健康问题，甚至出现自杀等极端行为，给校园安全带来威胁。

四、安全管理队伍不足

高职院校安全管理队伍的不足也是影响安全管理工作的因素之一。目前，许多高职院校在安全管理队伍方面存在人员配备不足、专业化程度不高、培训和管理不到位等问题，无法满足校园安全管理工作的需要。

五、缺乏针对性的安全教育

许多高职院校在安全教育方面缺乏针对性和创新性，主要表现在以下几个方面：

（一）教育方式陈旧

很多高职院校仍然采用开展讲座、张贴宣传栏、海报等传统方式进行安全教育，缺乏互动性和体验性，难以达到预期的教育效果。

（二）教育内容单一

许多高职院校的安全教育内容仅限于简单的安全知识和信息发布，缺乏生动性和实用性，难以引起学生的兴趣和参与。

（三）缺乏个性化教育

不同学生的需求和实际情况不同，但很多高职院校并没有针对不同学生的个性化需求提供相应的安全教育，导致教育效果不佳。

（四）教育频率过低

一些高职院校只在新生入学时进行一次性的安全教育，而没有持续性的安全教育和培训，导致学生难以形成良好的安全意识和行为习惯。

六、缺乏评价和反馈机制

一些高职院校在校园安全管理方面缺乏有效的评价和反馈机制，难以对安全管理效果进行科学评估和及时调整，导致安全管理水平和效果难以提高。

第三节　高职学生安全管理的策略

一、把高职学生安全管理纳入教学计划

把高职学生安全管理纳入教学计划是高职学生安全管理的实施策略之一。具体来说，高职院校应该将学生安全教育纳入教学计划，设置安全教育课程，编写安全教育教材，并对学生安全教育进行考核评估，以确保学生安全意识的提高和自我保护能力的增强。

安全教育课程可以包括以下方面的内容：安全意识的培养、防盗防骗、交通安全、消防安全、网络安全、心理健康等。编写安全教育教材时，应该根据学生

的实际情况和需求，采用生动形象、图文并茂的方式，让学生容易理解和接受。同时，高职院校还应该加强安全管理的相关制度和基础设施建设，加强校园巡逻和安全管理，确保学生的生命财产安全。

二、强化教育阵地，拓宽教育途径

强化教育阵地，拓宽教育途径是高职学生安全管理的实施策略之一。具体来说，高职院校应该采取多种方式来拓宽学生安全教育的途径，包括利用新媒体平台、开展安全讲座、组织安全演练等。

（一）利用新媒体平台

新媒体平台可以提供丰富的安全教育内容，通过图文、视频、音频等形式，让学生更直观、深入地了解安全知识。同时，新媒体平台还可以实现互动式安全教育，与学生进行有效的沟通，及时解决学生的安全问题。具体来说，高职院校可以利用以下新媒体平台来拓宽学生安全教育的途径。

1.QQ群

高职院校可以建立安全管理QQ群，发布安全教育信息、开展安全教育讨论，让学生在线上交流和分享安全知识。同时，QQ群还可以实现实时视频、语音通话等功能，方便师生进行远程指导和应急处理。

2.微信公众号

高职院校可以开设微信公众号，发布安全教育文章、视频等，让学生随时随地阅读和学习安全知识。同时，微信公众号还可以提供在线问答、互动调查等服务，及时了解学生的安全需求和问题。

3.抖音、快手等短视频平台

高职院校可以利用短视频平台制作、发布安全教育短视频，让学生在轻松愉快的氛围中掌握安全知识。同时，短视频平台还可以实现粉丝互动、评论等功能，及时解答学生的疑问和问题。

4.在线教育平台

高职院校可以借助在线教育平台开展安全管理课程，提供完善的安全教育课程体系，让学生按照自己的进度和需求进行学习。同时，在线教育平台还可以实现布置作业、考试等功能，对学生安全知识进行考核和评估。

通过对以上新媒体平台的运用，高职院校可以丰富学生安全教育的途径，提高安全教育的效果和质量。同时，高职院校也应该注重新媒体平台的内容创作和推广方式，确保安全教育内容的质量和吸引力。

（二）开展安全讲座

高职院校可以通过开展安全讲座来拓宽学生安全教育的途径。安全讲座可以邀请相关领域的专家、学者或政府官员来为学生进行安全知识培训，也可以邀请具有实践经验的人员来讲解相关案例。通过安全讲座，高职院校可以将丰富的安全知识传递给学生，帮助学生了解各种安全问题，提高学生的安全意识和自我保护能力。在开展安全讲座时，高职院校应该注意以下几点（表6-1）。

表6-1　高职院校开展安全讲座时的注意事项

注意事项	具体阐述
确定讲座内容	高职院校应该根据学生的需求和安全形势，确定安全讲座的内容，确保讲座的针对性和实用性
邀请讲座嘉宾	高职院校应该邀请有经验、有资质的专家、学者或实践人员来担任讲座嘉宾，确保讲座的质量和权威性
组织讲座活动	高职院校应该组织好讲座的场地、时间、宣传等各项工作，确保讲座的顺利进行
做好后续工作	高职院校应该在讲座后，对讲座效果进行评估和总结，做好后续改进工作，提高安全讲座的质量和效果

（三）组织安全演练

安全演练是通过模拟实际安全事故，让学生在真实的情境中学习安全知识，提高应急处理和自我保护能力的一种有效方式。在组织安全演练时，高职院校应该注意以下几点（表6-2）。

表6-2 高职院校组织安全演练时的注意事项

注意事项	具体阐述
制定演练计划	高职院校应该根据学生的实际需求和安全形势，制定安全演练计划，确定演练的内容、时间、地点等
组织演练队伍	高职院校应该组织好演练的队伍，包括指挥、组织、实施等人员，确保演练的顺利进行
准备演练物资	高职院校应该准备好演练所需的物资，包括应急药品、救援设备等，确保演练的效果和质量
做好后续工作	高职院校应该在演练后，对演练效果进行评估和总结，做好后续改进工作，提高安全演练的质量和效果

通过组织安全演练，可以为学生提供更全面、更深入的安全知识培训，提高学生的应急处理和自我保护能力。同时，高职院校也应该将演练的经验和成果应用到实际的安全管理工作中，提高安全管理工作的效果和质量。

三、扎实开展调查研究，不断探索高职学生安全管理的新内容与新途径

（一）注重对学生网络行为的调研

高职院校定期开展对学生网络行为的调研，可以帮助高职院校掌握学生的网络行为特点，为后续的安全管理提供参考。具体而言，高职院校可以通过以下步骤开展相关调研（表6-3）。

表6-3 高职院校开展相关调研的步骤

步骤	具体阐述
确定调研目的和内容	高职院校应该明确调研的目的和内容，例如了解学生的网络使用情况、网络习惯、网络行为等问题，以及掌握学生的网络行为特点，为后续的安全管理提供参考等

续表

步骤	具体阐述
设计调研问卷	高职院校应该根据调研目的和内容，设计出相应的调研问卷，问卷应该包含相关的调查问题、选项等，以确保调研结果的准确性和可靠性
开展调研活动	高职院校可以通过线上或线下的方式开展调研活动，如发放问卷、组织座谈会、进行个案调查等，以了解学生的网络行为特点和可能存在的安全隐患
整理和分析数据	高职院校应该对收集到的数据进行整理和分析，以得出调研结果和结论，为后续的安全管理工作提供参考和支持
定期开展跟进调研	高职院校应该定期开展跟进调研，以了解学生的网络行为变化和安全隐患的变化情况，并及时采取相应的措施进行防范和处理

通过以上步骤，高职院校可以定期开展对学生网络行为的调研，了解学生的网络行为特点和可能存在的安全隐患，为后续的安全管理提供参考和支持，更好地做好高职学生安全管理工作。

（二）重视对学生社会生活的调研

高职院校应重视对学生社会生活的调研，以更好地做好高职学生安全管理工作。在实践中，高职院校可以通过以下几种方式来了解学生的社会生活情况。

1.开展相关调研

高职院校可以定期开展对学生社会生活的调研，了解学生的社交圈子、社交行为等问题，从而掌握学生的社会生活特点和规律，为后续的安全管理提供参考。

2.建立学生社交行为档案

高职院校可以建立学生社交行为的档案，记录学生的社交圈子、社交行为等情况，对数据进行统计和分析，从而了解学生的社交行为特点和规律，以及可能存在的安全隐患。

3.发挥学生自我监督机制

高职院校可以鼓励学生之间相互监督，及时发现和报告不良社交行为，发挥学生自我监督机制的作用，从而更好地保障校园社交安全。

4.开展个案调查

对于个别学生的特殊社交行为，高职院校可以进行个案调查，了解其社交行为的具体情况，以确定是否需要采取相应的措施进行防范和处理。

通过以上方式，高职院校可以更好地了解学生的社会生活情况和社交行为特点，掌握学生的社交行为规律和安全隐患，为做好高职学生安全管理工作提供有力支持。同时，高职院校也应该注意在调研过程中保护学生的隐私权和信息安全，遵守相关法律法规和学校规章制度，确保调研工作的合法合规和有效性。

四、以案例教育为重点，做好高职学生的安全教育工作

在实践中，高职院校应该将案例教育作为安全管理的重点，通过案例解析、案例模拟等方式，让学生深入了解安全问题，提高安全意识和自我保护能力。以案例教育为重点，做好高职学生的安全教育工作，必须关注以下几点。

（一）建立案例教育库

通过建立案例教育库，可以更好地做好高职学生的安全教育工作。在建立案例教育库时，应该考虑到以下几个方面（表6-4）。

表6-4 建立案例教育库的注意事项

注意事项	具体阐述
案例的收集	高职院校应该收集与本校实际情况相符的案例，包括安全事故、安全事件、安全演练等，确保案例的代表性和警示作用
案例的分析	高职院校应该对收集到的案例进行分析，总结出案例的起因、经过和结果，以及案例所涉及的安全问题、防范措施等，确保案例解析的准确性和完整性
案例的分类	高职院校应该对分析后的案例进行分类，按照安全问题的类别、等级、频率等标准进行分类，确保案例检索的便捷性和针对性
案例的教育	高职院校应该将案例解析结果融入安全教育的内容中，采用讲座、展览、比赛等多种形式，让学生深入了解安全问题，提高安全意识和自我保护能力
案例的评估	高职院校应该对安全教育活动的效果进行评估和总结，及时调整教育内容和形式，提高教育效果和质量

通过以上措施的实施，高职院校可以建立一个完善的案例教育库，更好地做好高职学生的安全教育工作，确保学生的生命财产安全。

（二）根据环境、季节等变化规律，适时地开展案例教育

在实践中，高职院校应该根据季节、天气、环境等因素，合理安排安全教育的内容和形式。例如，在夏季，应该加强对学生防溺水、防中暑的教育；在冬季，应该加强对学生防火、防盗的教育。同时，高职院校也应该根据安全形势的变化，及时更新案例教育库的内容，确保案例的代表性和警示作用。

五、以宿舍为重要阵地做好高职学生的安全管理工作

宿舍是高职学生生活的重要场所，也是高职院校安全管理的重要阵地。高职院校应该加强宿舍安全管理，确保学生的生命财产安全。具体来说，高职院校应该采取以下措施。

（一）建立宿舍安全管理制度

高职院校应该制定宿舍安全管理制度，明确安全管理工作的职责和流程，确保安全管理工作的有效实施。

（二）加强宿舍安全设施建设

高职院校应该加强宿舍安全设施建设，确保学生的生命财产安全。具体来说，应该安装监控设备、消防设施等，提高宿舍的安全防范能力。同时，也应该注重宿舍安全设施的日常维护和管理，确保其正常运行。

（三）加强宿舍安全管理队伍建设

高职院校应该建立宿舍安全管理队伍，确保安全管理工作的效果和质量。在

建立宿舍安全管理队伍时，应该考虑到以下几个方面（表6-5）。

表6-5 建立宿舍安全管理队伍的注意事项

注意事项	具体阐述
选拔人才	高职院校应该选拔具有安全管理知识和经验的人才，组成宿舍安全管理队伍
组织培训	高职院校应该组织宿舍安全管理队伍的培训，提高他们的安全意识和安全管理能力
明确职责	高职院校应该明确宿舍安全管理队伍的职责，确保他们能够有效地开展安全管理工作
建立考核机制	高职院校应该建立考核机制，对宿舍安全管理队伍的工作进行评估和总结，提高安全管理工作的效果和质量

通过以上措施的实施，高职院校可以建立出一支高效、专业的宿舍安全管理队伍，做好高职学生的安全管理工作。

（四）开展宿舍安全教育活动

高职院校应该开展宿舍安全教育活动，让学生了解宿舍安全知识，提高学生的安全意识和自我保护能力。在开展宿舍安全教育活动时，应该考虑到以下几个方面（表6-6）。

表6-6 开展宿舍安全教育活动的注意事项

注意事项	具体阐述
教育内容	高职院校应该结合本校实际情况，设计适合学生的宿舍安全教育内容，包括安全制度、安全常识、应急处理等
教育形式	高职院校应该采用多种形式的教育方式，如讲座、演练、展览等，让学生能够轻松、深入地了解宿舍安全知识
教育时间	高职院校应该选择合适的时间开展教育活动，如开学、放假前、重大活动前等，确保学生的安全意识和自我保护能力得到提高
教育效果评估	高职院校应该对宿舍安全教育活动的效果进行评估和总结，及时调整教育内容和形式，提高教育效果和质量

（五）做好宿舍安全隐患排查工作

高职院校应该定期开展宿舍安全隐患排查工作，及时发现和解决宿舍安全问题，确保学生的生命财产安全。在开展宿舍安全隐患排查工作时，应该考虑到以下几个方面（表6-7）。

表6-7　开展宿舍安全隐患排查工作的注意事项

注意事项	具体阐述
排查范围	高职院校应该全面覆盖宿舍区域，包括公共区域、寝室内部等，确保排查范围全面
排查内容	高职院校应该针对可能存在的安全问题进行排查，如电线电缆是否老化、燃气管道是否漏气、消防设施是否齐全等
排查频率	高职院校应该根据实际情况，定期开展宿舍安全隐患排查工作，如每月一次、每学期一次等
排查结果处理	高职院校应该对排查结果进行及时处理，如维修老化设施、更换漏气管道、清理消防通道等，确保宿舍安全问题得到及时解决
排查记录	高职院校应该做好排查记录，如记录排查时间、人员、发现问题、处理情况等，以便于查阅和管理

通过以上措施的实施，高职院校可以以宿舍为重要阵地，做好高职学生的安全管理工作，确保学生的生命财产安全。同时，高职院校也应该注重其他安全管理工作的实施，如加强校园巡逻、与家长建立联系等，形成全方位、全过程的学生安全管理体系。

六、以班级和党团组织为依托引导高职学生自我安全管理

在实践中，高职院校应该以班级和党团组织为依托，引导高职学生开展自我安全教育和管理，实现自我服务。具体来说，应做到以下几方面。

（一）引导高职学生参与学校的安全防范管理工作

在实践中，高职院校应该引导高职学生积极参与学校的安全防范管理工作，以提高安全管理工作的质量和效率。具体来说，高职院校可以通过招募学生志愿者、选拔学生干部等方式，让学生参与学校的安全防范管理工作。例如，可以组织学生志愿者开展安全知识宣传、安全巡逻等活动，选拔学生干部担任安全管理工作的干部，协助学校开展安全管理工作。在实施引导高职学生参与学校的安全防范管理工作时，高职院校应该注重以下几点（表6-8）。

表6-8　高职学生参与学校的安全防范管理工作的注意事项

注意事项	具体阐述
组织的建立	高职院校应该建立完善的学生组织，选拔出有组织能力的学生担任干部，负责组织和开展安全防范管理工作
工作的分配	高职院校应该合理分配安全防范管理工作，让学生参与到实际的工作中，以提高学生的实际操作能力和责任心
效果的评估	高职院校应该对引导高职学生参与学校的安全防范管理工作的效果进行评估和总结，及时调整工作分配和内容，提高工作效果和质量
反馈的收集	高职院校应该及时收集学生对引导参与学校安全防范管理工作的反馈，及时调整工作分配和内容，确保工作的针对性和有效性

（二）引导高职学生实现自我安全教育

高职学生的自我安全教育更贴近高职学生实际生活，更有说服力和感召力。通过适时的、有针对性的高职学生自我教育活动，确实可以更好地达到自我教育的目的。以下是一些具体的建议。

1.支持以班级和社团为单位开展安全教育活动

组织安全教育活动是提高高职学生安全意识和自我保护能力的重要途径之一。以下是一些可以开展的安全教育活动。

（1）安全知识竞赛

组织安全知识竞赛可以激发学生的兴趣，增加学生对安全知识的了解和掌握，提高安全意识。

（2）安全知识讨论

组织安全知识讨论可以让学生之间互相交流，分享安全经验和技能，从而提高自我保护能力。

（3）安全知识信息交流会

组织安全知识信息交流会时可以邀请专业人士、校友等分享安全经验和技巧，增加学生的安全知识储备，提高安全意识。

（4）模拟演练

组织模拟演练可以让学生亲身体验安全事件，了解应对方法和措施，提高应对突发事件的能力。

除了以上活动，还可以通过班级和社团开展其他形式的安全教育活动，如安全提示海报设计比赛、安全教育讲座等。同时，高职院校应该加强对安全教育活动的支持和指导，提供必要的资源和支持，确保活动的效果和影响力。

2.鼓励开展以安全教育为主题的文艺节目演出

文艺节目演出是高职学生生活中一种常见的活动形式，可以通过演出中的歌曲、小品、话剧等形式，来传达安全教育信息，让高职学生在娱乐的同时接受安全教育。

3.开展安全教育实践活动

除了理论教育外，还可以通过实践活动来加强高职学生的自我安全教育。比如组织学生进行消防演练、模拟突发状况应急处置等实践活动，让高职学生在实际操作中掌握安全技能。

4.加强高职学生心理健康教育

自我安全教育的实施需要高职学生具备一定的心理素养。高职院校应该加强高职学生的心理健康教育，引导高职学生正确面对压力和挫折，提高心理素质和自我调节能力，从而更好地预防和应对安全事故。

七、层层落实，责任到人

层层落实，责任到人是高职学生安全管理的重要实施策略，具体而言可以通过以下步骤实现。

（一）明确各级责任

高职院校应该明确各级责任，即学生工作部门、院系、辅导员、宿舍管理员等各级责任，并建立相应的责任体系，确保每个层级都有明确的责任和工作范围。

（二）制定责任清单

高职院校应该制订责任清单，明确各级责任的具体任务和要求，以确保各项工作都有明确的责任人和任务目标。

（三）签订责任书

高职院校应该与各级责任人签订责任书，明确其职责和工作任务，并要求其严格按照责任清单执行各项工作。

（四）建立监督机制

高职院校应该建立监督机制，对学生安全管理工作的各个环节进行监督和检查，及时发现和解决问题，确保各项工作能够得到有效的落实和执行。

（五）层层落实责任

高职院校应该层层落实责任，即从学生工作部门到院系、辅导员、宿舍管理员等各级责任人，都要明确自己的职责和工作任务，并严格按照要求工作，确保各项工作能够得到有效的执行和落实。

通过以上步骤，高职院校可以实现层层落实，责任到人，确保学生安全管理工作得到有效的实施。这不仅可以有效预防和应对各种安全问题，还可以提高学生的安全意识和自我保护能力，保障学生的生命财产安全。

八、应对突发事件

高职院校是社会生活的有机组成部分。突发公共事件会对高职学生的学习、生活造成巨大影响。为了主动做好预防和应对工作,把突发事件带来的损失和人员伤亡降低到最低程度,更好地维护高职院校安全和社会稳定,高职学生必须提高应对突发事件的意识及能力。

(一)突发事件的概念

根据2007年11月1日起施行的《中华人民共和国突发事件应对法》的规定,突发事件是指突然发生,造成或者可能造成严重社会危害,需要采取应急处置措施予以应对的自然灾害、事故灾难、公共卫生事件和社会安全事件。这一定义与世界多数国家和国际组织的法律规范相接近,也基本反映了学理上对这一概念的理解。依据以上定义,突发事件具有发生突然性、发展不确定性、后果严重性、时间紧迫性、广泛社会性及非程序化决策性等特点。科学地界定突发事件的概念及特点,便于我们制定应急处置方案、措施,在突发事件发生时,做到有备而来,从容应对,将危机的损失和影响控制在最小范围之内,具有重要意义。

(二)突发事件的类型

依据《国家突发公共事件总体应急预案》,根据突发公共事件的发生过程、性质和机理,突发公共事件主要分为以下四类:自然灾害、事故灾难、公共卫生事件、社会安全事件。

1.自然灾害

自然灾害主要包括水旱灾害、气象灾害、地震灾害、地质灾害、海洋灾害、生物灾害和森林草原火灾等。

自然灾害近年来增长较快,人与自然的不和谐日益成为其诱因。我国是世界上自然灾害最严重的国家之一,平均每年造成近2万人死亡。

2.事故灾难

事故灾难主要包括工矿商贸等企业的各类安全事故、交通运输事故、公共设施和设备事故、环境污染和生态破坏事件等。

3.公共卫生事件

公共卫生事件主要包括传染病疫情、群体性不明原因疾病、食品安全和职业危害、动物疫情，以及其他严重影响公众健康和生命安全的事件。

近十几年我国突发公共卫生事件较多。我国经济的快速发展和全球化时代的到来，使得危机的发生、发展和应对都具有"超国家"属性，地方性的公共卫生事件极易演变为全国性乃至全球性的公共卫生事件。2003年的"非典"（SARS）爆发在一定程度上促使了《中华人民共和国突发事件应对法》的出台。

4.社会安全事件

社会安全事件主要包括恐怖袭击事件、经济安全事件和涉外突发事件等。

目前，我国经济建设和社会发展已进入"快车道"，改革正处于攻坚阶段，开放正处于关键时期。21世纪头20年，是我国全面建设小康社会的重要战略机遇期，也是人民内部矛盾凸显、刑事犯罪高发、对敌斗争复杂的时期。而社会安全事件相对于其他类型的突发事件，其诱因是人为因素，更具有主观故意性。因此，社会安全事件的防范与应对将凸显其重要性与特殊性。

（三）突发事件预防

1.心理预防——积极的态度

《左传》："居安思危，思则有备，备则无患。"我们无法选择危机，但我们可以选择态度、策略、行动，不同的处置态度、策略和应对措施将导致不同的危机结果。危机处置的基础是积极的态度，因此健康科学的危机心理是突发事件应对成败的重要因素。

首先，要有危机感。在人的一生中遇到突发事件几乎是必然的事情，区别不过是事大事小，结果是否严重而已。其次，我们要认识到恐惧与胆怯是正常的心理感受，坦然接受，不必刻意强迫自己抵制或否认。正确看待自己的恐惧与胆怯心理、认识到这是理所当然的现象，那么在突发事件应对中就会变得自然和冷静。面对突发事件时，人们应该具有对自己心理进行调适的能力，促使人们采取适当的策略与行动来避免或降低灾难的威胁。使用科学的心理调节措施，进行一些能让自己放松的良好习惯或活动，比如深呼吸、看书、听音乐、散步等。最后，不要失去对家人、朋友和社会的信心，与此同时，用自己的信念去鼓励和激发亲人、朋友，形成积极乐观的精神力量。

2.预防措施

当我们拥有了积极的态度，就会自觉或不自觉地看到身边潜在的危机并且加以防范。请问自己：

学校有哪些薄弱的环节？也许是灭火器箱里的灭火器过期或是宿舍应急疏散通道不通……

什么样的时间、区间可能出现对我不利的人或事？也许是深夜的校园小径或是凌晨的操场……

哪些地方可能隐藏可疑人员？也许是宿舍楼里哪间空的房间或是校园花园的僻静角落……

我身边哪个（些）人的行为模式反常？也许就是自己身边的学弟学妹、师兄师姐或自己的同学……

我知道哪些物品可疑吗？想到了，网上搜索会告诉自己想要的知识。

我参加了火灾疏散实战演练了吗？措施必须演练才知道其有效性，积极参与各类突发事件处置预案演练将会大大提升自己在突发事件中生存的概率。

我们无法穷尽突发事件预防的措施，它们不复杂甚至很简单，但突发事件发展的不确定性及非程序化决策性决定了，只有自己积极进行准备才能更好地避免危机发生，降低损失。

在自然灾害发生时，往往伴随着停水停电、食品短缺、通信中断、交通中断、救援人员不足等情况，甚至救援人员无法迅速集结进入灾区。在救援人员和救援物资到达之前，我们能依靠的只是自己事先准备的防灾应急物品。灾后受困者多数靠自救或互救幸存。美、日、欧等发达国家的家庭一般都配备了防灾应急包，这种做法非常值得我们借鉴和学习。

急救包应该准备些什么？基本包括饮食、日用、医药、求生四类，当然先要有个结实的包。饮食类：水、压缩饼干、巧克力等高能量的食物（记得一定要定期更新）。日用类：适量现金；雨披——能实现保暖、防雨等多个功能；小毛毯——保暖很重要；手套——自救互救时需要保护好你的双手；防水袋装一些不能碰水的物品；垃圾袋和手纸，有吃就有拉，一样都不能少。医药类：医药包——不再赘述，红十字会有发的。求生类：在信息纸上写上主要家庭成员的联系方式，万一出意外了，能让救援人员联系到自己的家人；口哨——呼救用；应急蜡烛——大小和普通蜡烛差不多，但燃烧时间要长好几倍；防水火柴——火带来温暖和希望；机械发电手电筒——不愁会没电；多用折叠工具刀——多用途；折叠铲——挖！即使不能把自己挖出去，也可以让自己保持求生意念；安全绳——爬出去。

没有人能够知道什么时候灾害会突然发生，但事前的应急准备可以帮助我们幸存下来。

（四）突发事件应对措施

突发事件发生时总让人感到一片混乱。如何让突发事件的应对变得简单而有序，我们总结了突发事件处置五步工作法，为大家理清思路，使大家理性对待，以获得最积极有效的处置效果。

五步工作法：发现反应；判断确定；预警求援；缓解控制；善后处置。

1. 发现反应

监测发现，快速反应。加强危机信息观察、收集能力，能够对各类突发事件及时发现，对各种先兆信息及时收集定位，缩短现场反应时间，以便把握突发事件发生的第一时间，抑制事态进一步扩大，提高对突发事件的现场控制，减少突发事件损失。

2. 判断确定

搜集信息，临场甄别。判断应该贯穿突发事件处置的始终。判断包括对工作难度、危险等级的提前估计及临场判断；对现场环境、人员状况、破坏情况等基本信息的及时收集、了解与分析；根据对象情况变化、态势发展、可能会出现的危险情形等进行及时研判，判断确定发现危机。

3. 预警求援

能够迅速汇报信息，对突发事件的基本情况作快速、简要的描述，提高预警能力，以便专业人员迅速到场检查、处理。高职学生综合素质一般高于普通民众，在突发事件中应当担负一定责任，能够具备良好的沟通协调能力，提高民众整体预防意识和自我保护技能，及时获得民众理解和支持。

求援是指在前期应对各类突发事件时，如果人力不足或装备不齐，或场面不可控制时，要及时求得上级、同级或广大群众在人力、物力上的支持和援助。求援是战术策略的一部分，是"团队协作"意识的体现，是防止吃"眼前亏"的好办法。

4.缓解控制

面对公共安全事件时，一是在应对一般案（事）件中，不要轻易激化自身与当事人之间的矛盾，更不要将本来是双方当事人之间存在的矛盾引到自己身上。在不放纵违法行为的前提下，要善于采取缓和气氛、妥善调解的策略方法，如在应对民间纠纷、上访闹事、一般违法违章案（事）件时，要善于说服教育，向他们指出事件的危害性和不良后果，用法律的威力来震慑他们，防止事态扩大。二是处于对峙情况时，通过谈判劝服的形式缓和紧张态势，防止对象"狗急跳墙"，同时也可麻痹对方，为警方排兵布阵、顺利抓捕赢取时间。面对其他类突发事件时，一是缓解自身压力，通过适当的心理调适，平静心情；二是设法缓解环境可能带来的紧急危险，使自己暂时处于安全的情形下。

控制，主要指对现场全局的控制。控制既是指导思想，又是手段和目的，贯穿整个突发事件的处置过程。在处置各类突发事件时，当条件不成熟时，不要盲目地急于解决，而应将控制局势、防止事态扩展作为首要任务。要把握好自身的情绪，沉着冷静，理智行事，要从人员力量上、心理上、距离位置上把握局势；除了要重视对心理和环境控制外，还要根据现场内围外围、言论倾向、事态发展等情况，采取法律政策宣传、鼓励民众支持等方法加以控制局势。

5.善后处置

善后处置中尽快恢复正常社会生活秩序是首要的任务。其次是对突发事件中应当承担责任的人员进行处理。之后是总结经验，进一步强化防范措施，避免重蹈覆辙。最后要谨慎应对媒体，不要让危机事件变为媒体炒作事件。

第七章 高职学生就业管理的理论与策略研究

随着毕业人数的不断增多,许多高职学生出现了焦虑不安等情绪状况,更有甚者出现了严重的心理问题。高职学生在求职择业时,一定要越过就业心理误区和障碍,克服就业心理问题,这样才能在严峻的就业形势下勇敢地迎接挑战。

第一节 就业概述

一、就业的概念

就业就是具有劳动能力的人,运用生产资料从事合法的社会活动,并获得相应的劳动报酬或经营收入的经济活动。就业有三个基本条件:一是要从事社会劳动;二是要有报酬或收入;三是要得到社会承认。只有具备了这三个条件,才算真正就业。如果一个有劳动能力的人,在一定的社会工作岗位上从事着合法的劳动,并因此获得相应的劳动收入,他就实现了就业,是从业人员,或者说是就业者。

二、就业的类型

根据不同的标准，可以将就业分为不同的类型。以下是一些常见的划分方式。

（一）根据行业划分

根据行业划分，可以将就业分为以下几种类型：

1. 制造业就业

指在制造业领域从事劳动，如工人、工程师等。

2. 金融业就业

指在金融领域从事劳动，如银行职员、投资经理等。

3. 教育行业就业

指在学校或其他教育机构中从事教育相关工作，如教师、教育管理人员等。

（二）根据地域划分

根据地域划分，可以将就业分为以下几种类型：

1. 农村就业

指在农村地区从事劳动，如农民、农村商人等。

2. 城市就业

指在城市地区从事劳动，如城市工人、商人、服务业从业者等。

（三）根据工作性质划分

根据工作性质划分，可以将就业分为以下几种类型：

1.正式就业
指在正规企业中从事的正式工作,如全职员工、合同工等。

2.临时就业
指在企业中或非企业性质的经营组织中从事的临时工作,如兼职员工、季节工人等。

3.自由职业

指个人独立从事的工作,如自由撰稿人、艺术家等。

(四)根据工作时间划分

根据工作时间划分,可以将就业分为以下几种类型:

1.全职就业
指每周工作达到规定标准的工作,如每周工作40小时。

2.兼职就业
指每周工作不超过规定标准的工作,如每周工作20小时。

3.灵活就业
指按任务或按小时计费的工作,如快递员、网约车司机等。

(五)根据技能水平划分

根据技能水平划分,可以将就业分为以下几种类型:

1.高技能就业
指需要高级技能和专业知识的工作,如高级工程师、高级医生等。

2.低技能就业

指需要低技能和简单操作的工作，如保安、清洁工等。

3.中技能就业

指需要一定技能和培训的工作，如机械师、电子工程师等。

需要指出的是，以上仅为就业类型的部分例子，实际上就业类型的划分因标准而异。了解不同类型就业的特点和优劣势，有助于更好地理解就业市场的变化和劳动力发展的趋势。

三、就业的指标

就业的指标主要有就业率和人口就业率。

（一）就业率

就业率是指就业人口占指定劳动力总数的比重，它是衡量全社会就业状况的一个重要指标。其计算公式为：

就业率（%）=就业人口数／（劳动力总数—受限制劳动力—军人）×100%

其中，受限制劳动力是指由于制度性因素例如监禁、精神病院等而受限制的劳动力。

（二）人口就业率

人口就业率是指就业人数占劳动年龄人口的比重，它也是一个重要的就业指标。其计算公式为：

人口就业率（%）=就业人口数／劳动年龄人口数×100%

人口就业率一般分为五个档次：低于40%；介于40%～49.9%之间；50%～54.9%之间；55%～59.9%之间；60%以上。中国的人口就业率在世界上一直是最高的。

四、就业的主要影响因素

就业的主要影响因素包括以下几方面（图7-1）。

图7-1 就业的主要影响因素

（一）家庭背景因素

家庭背景因素是影响就业的重要因素之一，包括家庭社会关系、家庭经济状况、家庭教育程度和家庭地理位置等。具体来说，家庭社会关系是指家庭成员的社交网络和人际关系，这些因素可以影响毕业生求职时能够接触到的企业和招聘机会。家庭经济状况则会影响毕业生的求职意愿和就业选择，例如是否选择就业还是继续深造等。家庭教育程度也会影响毕业生的就业观念、职业规划和求职意识等方面。家庭地理位置则会涉及地区就业市场和就业机会的问题，对于一些地区的毕业生来说，就业可能会面临一定的困难和挑战。

（二）高职院校因素

高职院校因素包括高职院校扩招、专业设置、毕业生素质和就业指导等。这些因素都会影响毕业生的就业情况和企业招聘的选择。具体来说，高职院校扩招和专业的设置会影响毕业生的数量和就业市场的供需关系，从而影响就业机会和就业形势。毕业生素质则会直接影响企业招聘的选择，是否具备相关专业知识和技能、是否适应企业需求和文化等因素都会影响毕业生的就业情况。就业指导包括高职院校提供的职业规划、求职技巧和应聘能力等方面的指导和培训，这些因素可以帮助毕业生提高就业竞争力，增加就业机会。

（三）社会因素

社会因素是指经济结构调整、企业数量、经济增长速度以及就业机会等情况。这些因素会直接影响就业市场的供需关系，从而影响就业机会和就业形势。

（四）个人因素

个人因素主要是指就业观念、就业意愿、自身素质、求职技巧和应聘能力等。这些因素对就业的影响也非常重要。就业观念是指个人对职业的选择和认知，包括对职业规划、工作内容、薪资待遇等方面的期望，这些因素会影响个人的就业选择和就对业形势的把握。就业意愿是指个人对职业的追求和向往，包括对行业、企业、职位等方面的选择和要求，这些因素会影响个人的就业意愿和对就业机会的把握。自身素质包括个人的知识、技能、经验等方面的积累和能力，这些因素会影响个人在就业市场的竞争力和对就业机会的选择。求职技巧和应聘能力包括个人的求职策略、应聘准备、表达能力等方面的能力和技巧，这些因素会影响个人在求职过程中的表现和就业机会的获取。

除此之外，还包括一些其他因素，如性别歧视、等级证书限制、考研与就业的选择等，这些因素也会影响就业机会和就业形势。

总之，就业是一个复杂的过程，需要全面考虑各种因素的影响。对于求职者来说，需要了解和分析就业形势和市场需求，提高自身素质和能力，积极探索就业机会，把握就业机遇。

五、就业心理的定义

就业心理就是指个体在面临择业时所持有的心理态度和所拥有的心理素质。对于择业者而言，稳定的心理态度和良好的心理素质有利于进行择业前正确的角色定位和自我评价，从而从容地找到一份符合自己兴趣爱好且适合自己特长发挥的职业，最大程度地展现自我的价值。

就业心理从时间上可以分为以下几个阶段。

第一，初始就业心理阶段。在这个阶段，高职学生的就业心理表现为求职者对职业期望值较高，对工作感到新奇，有成就事业的渴望。

第二，受挫的就业心理阶段。在工作过程中，由于对领导、同事的行为不满，或者对事情的处理不当，从而产生焦虑、不安、恼怒等心理状态。

第三，调整就业心理阶段。经过一段适应期，逐渐与社会相融合，认同某些与自己心理相冲突的价值观，从而实现个体与周围环境的和谐。

六、良好就业心理的一般要求

（一）保持良好的心理状态

在生活中，我们经常会看到有些人一取得好成绩，就喜不胜收，忘记了自己的努力方向和奋斗目标；一碰到困难，就一筹莫展，认为前进道路上处处布满荆棘，畏缩不前，失去了前进的勇气，因而丧失了取胜与成功的机会。这二者都不是一种良好的心理状态，尤其是对处于成长期的高职学生而言，会对成才与发展造成阻碍。因此，高职学生应当时刻保持乐观、向上的良好心态，对生活与未来充满自信与希望，主动调节喜、怒、悲、乐，适时控制自己，时刻把握自己，做到喜不狂、忧不绝、胜不骄、败不馁。

（二）具备坚定的信念与顽强的毅力

高职学生具备坚定的信念与顽强的毅力是指高职学生在气质、能力、性格、理想、信念、人生观、价值取向等多方面得到平衡发展。高职学生应当将自己的所思、所做、所言、所信协调一致，树立积极进取的人生观，并以此为中心，把自己的需要、愿望、目标和行为统一起来。

（三）保持正确的自我评价

1.自我评价的原则

（1）适度性

自我评价应该适当。不适当的自我评价是指过高的评价或者过低的评价。过高的评价往往使自己脱离现实，意识不到自己的条件限制，甚至自傲狂妄，由自信走向自负；过低的自我评价，往往忽视自我的长处，缺乏自信，过于自卑。过高或过低的自我评价，对自己都是不公正的。

（2）客观性

自我评价还应当掌握客观性的原则。尽管是自己对自己进行观察、分析和评价，但毕竟需要以客观事实为基础和依据。人贵有自知之明。"自知"的可贵，是与其不易分不开的。"自知"之所以不易，是因为自知的过程往往会受到个人主观因素的限制和干扰。只有努力克服和排除这些限制及干扰，才能使自我评价趋于客观和真实。

（3）全面性

自我评价应当全面。既要看到自己的优点和特长，又要看到自己的缺点和不足；既要对自我某一方面的特殊素质进行具体评价，又要对其他各个方面的整体素质进行综合评价；既要考虑到全面的整体因素，又要考虑到其中占主导地位的重点因素。反之，任何一种片面的、孤立的、不分主次的自我评价，显然都不可能全面而正确地反映自己的整体素质状况。

（4）发展性

在进行自我评价时，应以发展的眼光看待自己。世间万物都是不断变化的，包括自我评价者自己。今日的自我，已不同于昨日的自我；明日的自我，显然也不会依然故我。自我评价不但应当对自己的现实素质做出适当、全面、客观的评价，而且应当着眼于未来的发展变化，预见性地估价自己将来的发展潜力和前景。

2.自我评价的方法

（1）自我现实分析法

首先，兴趣是最好的老师，把兴趣和职业方向联系起来至关重要，不可因经济实惠的利益驱动而抹杀自己的兴趣。

其次，要正确地对知识、能力、个性、特长等方面进行分析，确定自己最适合的职业。知识影响专业背景，能力影响职业素质，人际关系影响发展前景，特长影响成功。

最后，要考虑社会的需要。择业时考虑个人因素是合理的，但前提是这种选择是否符合社会的需要。人是现实中的人，是社会中的人。个人期望与社会需求有效结合，才是最合理的选择。

（2）自省比较法

自省比较法即通过自我反省、自我总结、自我比较的方法认识自己。如将自己的现在与自己的过去相比较，回顾过去的经历，对自己的想法、期望、品德、行为进行理性思考，然后认真地描述和判断自己的特点。在这个过程中，个人需要收集信息，并耐心地进行分析。比如，问问自己：过去我做过什么自己确实喜爱的工作，喜欢这些工作的哪些方面？现在我仍喜欢它们的哪些方面？我喜欢处理人际关系，还是喜欢处理具体问题？什么能激发我的活力，什么令我感觉倦怠乏味？另外，要对过去的成功经验和教训进行回顾，分析自己过去有哪些成功，哪些不成功，原因是什么。除了客观因素外，自己在哪些方面需要改进。需要注意的是，要尽量以客观评价为依据，避免因为个人认识或个人动机出现较大误差。

（3）他人评价法

他人评价法是自我认识的一个重要方法，因为自己对自己的评价往往比较主观，尤其是对自己的突出优点和缺点估计不足，如能借鉴他人对自己的评价（一般指老师、父母、朋友、同学等对自己相当了解的人的看法、评价），就能更准确地认识自己。他人评价法主要是依据他人对自己的态度、通过与自己条件相似的人进行比较、通过专家咨询来评价自我。

（四）具有较好的适应环境的能力

这里谈到的环境，是指人际环境与社会自然、生活和工作环境。适应人际环境，就是善于与人交往、开朗乐观、积极主动、助人为乐，与人相处时可做到尊重、信任、友爱、宽容与理解。适应社会自然、生活和工作环境，是指高职学生在面临环境改变时，能正视自我，面对现实，对环境做出客观的认识与反映；调整自我，使个人的行为符合新环境的要求，能与社会保持良好的接触和链接；对社会现状有清晰的认识，能及时修正自己的需要与愿望，使自己的思想行为与社会协调一致。

七、高职学生就业心理的活动过程

高职毕业生的就业心理活动过程潜藏着一定的目标指向和价值观念，并表现出发展的阶段性。

（一）就业心理活动的动力

心理学家认为，当主体追求的人生目标对社会进步起促进作用时，这种符合历史发展潮流的价值定向，就成为心理健康发展的动力。在这种动力的驱使之下，心理得到发展、成熟。就业中的动力是在高职学生现在的生理和心理基础上形成的心理意识与社会需求的矛盾运动。当高职学生把个人价值实现融入社会价值体现之时，把个人利益的获取置于社会效益的创造之后，人格就达到了完美，个人价值与社会需求就实现了和谐。在这种心理支配下，会促使自己磨炼意志，完善自我，从而获得进步。

（二）就业心理活动的过程统一与实践

高职学生的就业心理活动的过程就是内部矛盾和外部矛盾相互联结、辩证统一、共同作用的过程。这一过程的显著特征就是内部矛盾和外部矛盾相互作用于就业主体，并统一于主体的就业实践之中。只有当外部矛盾和内部矛盾在高职学生个体就业实践活动中构成就业心理发展的矛盾之时，才能共同推动高职学生就业心理的发展。高职毕业生的就业心理应该在就业实践过程中寻求内部矛盾和外部矛盾的统一。有了这个心理基础，个体心理因素中新的、先进的、正确的因素才会不断增长，旧的、错误的、落后的因素才会不断减少以至消失，这样不断循环往复相互作用，使个体内部因素中积极的和消极的因素的力量对比得以改变，从而推动高职学生就业心理由简单到复杂，由低级到高级，从不适应到适应，从旧质到新质的转变。

（三）就业心理活动阶段

高职毕业生从进入大学到毕业，就业心理无时不在。大学教育是有目的、有计划、有步骤的进行的，其教育过程有一定的阶段性。

1. 大学初期的就业心理

高职学生刚进了大学校门，伴随着对未来的向往，就业的心理在他们内心深处渐渐萌生。高职学生根据自己的意愿、家长的期望或其他因素选定了专业方向，期望着用自己的一技之长，在喜爱的领域有所作为，有所成就，从而体现自己的人生价值。但当客观现实与本人的心理期望形成反差时，又不得不冷静下来，认识自己，分析现实，寻求理想的我与现实的我的统一。此时就业心理处于相对的平静期。

2. 大学中期的就业心理

经过一个学期或更长时间的生活实践，大部分高职学生的情绪趋于稳定。专业知识的积累更强化了学生就业的兴趣；世界观、人生观和价值观的教育，更激发了学生服务人类、贡献社会的信念；随着社会活动的增加、交际范围的扩大，学生逐渐学会了如何适应环境。为了实现理想，他们在各方面会严格要求自己，努力学习，开发智力。在这个阶段就业心理得到巩固和发展。

3. 毕业时期的就业心理

在这个阶段，高职学生的就业心理就是怎样才能使自己学有所用，怎样才能最大限度地使自己的价值得以体现，这也是他们的就业心理发展的顶峰。

八、高职学生就业心理的一般特征

高职学生就业心理通常表现出以下几个特征：

（一）择业易冲动

高职学生因为年龄的原因，容易受社会热点因素的影响，在择业过程中难免感情冲动。每个时期都有每个时期的职业热点，它随着社会的变化而变化，比如曾经的外企热、机关热、高职院校热等，随之引起高职学生择业中的经商热、从政热、从教热。在社会因素的影响下，高职学生择业的冲动性就更加突出，此时，理智成分减少，功利成分增加。

（二）普遍追求职业的社会地位和社会声望

高职毕业生认为自身有技术，就应该有一份体面的职业，而体面的职业一般是社会地位和社会声望评价都较好的。所谓"水往低处流，人往高处走"，那些有实权、有声望或经济实力雄厚的单位就成了毕业生普遍追求的目标；也有一部分毕业生产生"低就意识"，他们认为，条件好的乡镇企业，重视人才，收入较高，而且来去自由，这些乡镇企业也成为他们选择的目标。

（三）追求职业的经济报酬是择业的重要目的

市场经济条件下，工资薪酬的高低，已成为高职毕业生择业时的重要衡量标准。务实是当代高职学生显著的心理特征，因为市场经济的社会对人的经济实力越来越看重，社会声望的获得很大程度上是由经济状况的好坏决定的。而且这几年大学培养的成本越来越高，很多农村家庭几乎是倾尽家力供养一个高职学生，他们在面临毕业时，不少还面临赶紧偿付助学贷款的压力。此外，高职毕业生还要面临恋爱、结婚、建立家庭等，这些都需要他们具有一定的经济基础。因此，高职毕业生择业时对经济报酬的考虑是比较多的。

（四）对知识性和技术性强的岗位持有高期望值

很多高职学生对职业发挥个人才能的适宜性要求较高。他们对自己所学知识、掌握的技能能否在工作岗位上发挥作用非常看重。他们认为，如果选择的职业能够学有所用，发挥专长，发挥个人的创造才能，就能获得他人的尊重，得到精神的满足，这应该是最佳的选择。近几年，我国越来越重视高职高专技术型人才，许多未曾考上本科专业的高职生，在毕业时比起本科生具有更强的技术性和实践性，也深受企业的认可，在择业就业过程中，双向选择的现象非常普遍。

（五）以追求职业的安全感和稳定性为主流

在我国很多地方，仍深信国有单位或事业单位才算是稳定有保障的工作单位，只有在国有单位里或事业单位里有工作，才算是稳定下来了。如果在私企工作，或者经常变换几份工作，总感觉不够稳定，没有安全感。这种观念至今还在影响着人们的择业态度，不少高职毕业生在父母的影响下，对此也深信不疑。尽管集体企业或其他所有制企业对自己的发展有利，而有些国有企业相比较条件差一些，他们还是宁愿选择国有企业，其心态是求国有企业的相对稳定。与此相反，也有一些高职毕业生开始不再看重稳定性，愿意尝试新的就业形式，这种比例正在呈逐渐上升的趋势。

九、高职学生就业的心理准备

（一）明确目标

清晰的目标和方向对人生的成功有重要意义。只有给自己的人生设定了目标，内心深处那个勇敢、坚定、执着、不畏艰险的"我"才会走出来，才能最大限度地激发自己的潜能，更好地迎接人生路上的各种挑战。

（二）自我评估

自我评估是高职学生认识自己、了解自己的一个重要途径。别人看到的自己有可能是表象，只有自己认识到的自己，才是真正的自我。所以，高职学生一定要客观地进行自我评估，评价自己的性格、智商、情商、特长、技能、学识、道德、思维方式、优缺点等各个方面，从而做出正确的职业选择。

要注意的是，每个人都有不可避免的弱点，也有别人没有的独特长处，对自己要进行全面、正确的分析，弄清自己的长处和不足之处，弄清楚自己适合到什么单位什么岗位工作以及适不适合创业。

（三）充满自信

所谓自信，就是无论成功与否，无论身在顺境还是逆境，都能坦诚地对待自己，相信自己，做到自尊、自爱、自信、自强，保持乐观进取、积极健康的心态。自信是求职成功的心理基础，自信是指对自己的实力有充分的估计和坚定的信心。求职者应该对自己有充分的认识，面对社会的选择，把主观愿望和客观条件结合起来，充满自信地向社会推销自我。

（四）强化竞争意识

求职择业是社会选择，优胜劣汰，高职学生要不断强化竞争意识，做好接受挑战的准备。求职择业本身就是一个双向选择的过程，高职学生可以选择心仪的招聘单位，拒绝不看好的offer，也要接受自己可能会被招聘单位拒绝的事实，而且即使当下被招聘单位录用，之后表现不好也会被辞退。因此，高职毕业生要想实现自己的职业理想，无论何时都要敢于竞争，而且要善于竞争。

（五）正视现实

社会作为高职学生择业的客观基础，为高职学生就业提供了现实的可能性，因此高职学生要正确认识社会，了解我国的高职学生就业和创业政策、人才政策、人才需求状况和社会需要，寻找自我与社会的最佳结合点，努力使自己的愿望与社会需要相互协调，达到和谐统一。

第二节　高职学生就业管理的原则与意义

一、高职学生就业管理的原则

高职学生就业管理应遵循以下三个原则：

（一）循序渐进原则

高职学生就业管理的循序渐进原则指的是高职学生就业管理应循序渐进，从职业规划、就业信息到就业指导和就业推荐，逐步深入。该原则有利于帮助毕业生逐步提高职业发展意识和就业竞争力。在实践中，循序渐进原则包括以下措施。

1.开展职业规划教育
学校应在大一、大二时期开展职业规划教育，帮助毕业生了解自己的专业和职业方向，开展职业规划的基础工作。

2.提供就业信息
学校应收集、整理和发布各种就业信息，及时提供给毕业生，帮助他们了解市场需求和就业形势，提高职业发展意识。

3.加强就业指导和辅导
学校应在大三、大四时期加强就业指导和辅导，提供面试技巧、职场规则等方面的指导，提高毕业生的就业竞争力。

4.开展就业推荐
学校应在大四时期开展就业推荐，向企业推荐毕业生，提供就业机会和服务支持，帮助毕业生实现顺利就业。

（二）适岗原则

高职学生就业管理的适岗原则指的是根据毕业生的专业、技能、兴趣和求职意向，向毕业生推荐适合的岗位或企业，确保毕业生能够发挥所长，快速适应工作环境，取得更好的职业发展的原则。在实践中，适岗原则包括以下措施：

1.建立毕业生求职信息库

学校应收集、整理和更新毕业生的求职信息，包括专业、技能、兴趣、求职意向等，建立毕业生求职信息库。

2.分析毕业生求职意向和技能

学校应对毕业生的求职意向和技能进行分析，了解毕业生的优势和特长，以及适合他们的岗位和企业类型。

3.推荐适合的岗位或企业

学校应结合毕业生的专业、技能、兴趣和求职意向，推荐适合的岗位或企业，确保毕业生能够发挥所长，快速适应工作环境，取得更好的职业发展。

4.提供面试和入职支持

学校应为毕业生提供面试和入职支持，包括面试技巧、职场规则、工作环境等方面的指导，以及面试和入职的服务支持，帮助毕业生顺利实现职业转换。

（三）因材施教原则

高职学生就业管理的因材施教原则指的是根据毕业生的个体差异和特点，提供不同的职业规划和就业指导，充分发挥毕业生的优势和特长，帮助他们实现职业目标的原则。在实践中，因材施教原则包括以下措施：

1.提供多样化的就业信息和资源

学校应收集、整理和发布各种就业信息，提供多样化的就业资源和机会，以满足毕业生不同的求职需求。例如，提供实习、兼职、志愿服务等短期就业机会，以及毕业后的人才招聘信息平台。

2.开展个性化的职业规划和就业指导

学校应针对毕业生的不同特点和个人需求,提供个性化的职业规划和就业指导服务。例如,通过职业测评、个性化咨询、求职意向调查等方式,帮助毕业生制订符合个人特点和兴趣的职业规划,并提供相应的就业指导。

3.多元化的就业服务和支持

学校应提供多元化的就业服务和支持,包括求职技巧、面试技巧、职场规则等方面的指导,以及各种就业服务,如简历制作、面试安排、职业培训等。此外,还可以开展毕业生之间的经验交流和分享活动,帮助毕业生了解职场动态和就业趋势,提高他们的职业发展意识和竞争力。

总之,高职学生就业管理的因材施教原则要求学校根据毕业生的个体差异和特点,提供不同的职业规划和就业指导,充分发挥毕业生的优势和特长,帮助他们实现职业目标。这样可以提高毕业生的就业满意度和职业发展潜力,实现个人价值和全面发展。

二、高职学生就业管理的意义

概括来说,高职学生就业管理的意义主要包括以下几方面。

(一)对于高等教育的意义

高职学生就业管理是高等教育的重要组成部分,是高等教育可持续发展的重要保障。通过高职学生就业管理,高职院校可以及时了解市场需求和就业形势,从而更好地调整专业设置、课程内容和人才培养模式等。同时,高职学生就业管理还可以推动高职院校人才培养模式的改革和创新,使高职院校更好地适应社会发展的需要。

(二)对于毕业生自身的意义

高职学生就业管理可以帮助毕业生更好地实现自我价值。毕业生可以通过就业管理，更加清晰地了解自己的职业兴趣和能力，进而选择适合自己的职业方向，更好地实现自己的职业发展。同时，高职学生就业管理还可以提高毕业生的就业竞争力，使其更加了解市场需求和就业形势，掌握求职技巧和面试规则，从而更容易找到适合自己的工作岗位。

（三）对于社会的意义

高职学生就业管理对于社会的稳定和发展具有重要的意义。通过高职学生就业管理，可以使得毕业生更加顺利地实现就业和职业发展，从而减少社会的不稳定因素。同时，高职学生就业管理还可以促进社会的发展，使社会更加充满活力和创新力。

（四）对于国家经济的意义

高职学生就业管理对于国家经济的意义在于以下几个方面：

第一，高职学生是国家宝贵的人才资源，是实现经济持续健康发展的重要力量。做好高职学生就业工作，能够促进人力资源的优化配置，提高全要素生产率，为经济发展提供有力的人才支持。

第二，高职学生就业问题关系到千家万户的切身利益，关系到社会的和谐稳定。做好高职学生就业工作，能够改善民生，提高人民群众的获得感、幸福感和安全感，促进社会和谐稳定。

第三，高职学生到基层工作，有利于提高基层组织建设水平，加快消除城乡差别和区域差别，促进我国经济社会协调发展。当前，我国城乡之间、地区基层之间的人才分布格局不平衡，广大基层特别是西部地区、艰苦边远地区和艰苦行业以及广大农村人才匮乏，这已经成为制约当地经济社会发展的重要因素。引导和鼓励高职院校毕业生到基层工作，有利于改善基层人才队伍结构，推动基层经济社会发展。

第四，做好高职学生就业工作，有利于刺激消费需求，促进发展投资，进一步促进经济的增长。高职学生是具有较高文化素质和消费意愿的群体，他们对于消费品的种类、质量和售后服务等方面都有较高的要求。如果能够做好高职学生就业工作，提高高职学生的购买力，将有助于刺激消费需求，促进发展投资，进一步促进经济的增长。

综上所述，高职学生就业管理具有重要的意义，可以使得毕业生更好地实现自我价值，提高高等教育的可持续发展水平，促进社会的稳定和发展，推动国家经济和社会的快速发展。因此，高职院校和社会应该加强高职学生就业管理，采取有效的措施提高毕业生的就业率和就业质量。

第三节　高职学生就业管理的策略

一、树立正确的择业意识

要想树立正确的择业意识，具体要做到以下几步：

（一）客观公正地评价自己

高职学生们接受的是系统的专业教育，并接受过一定的技能培训，综合素质较高，接受新生事物的能力也较强。所以，一般的用人单位都希望接收具有大学文化水平和一定专业知识的人才。但是，高职学生也应看到自身存在的一些不足之处，如社会经验不足、不了解企业的工作规律、把文凭和学业成绩看得太重、目空一切等。这些不足常令人叹而止步，结果使大学毕业生失去了许多就业的良机。所以，大学毕业生在择业时，要从自己的实际出发，客观地分析评估自己的文化素质、业务技能、性别特点、身体条件以及各类职业固有的标准、条件、要求等。要找准自己的位置，实事求是地选择自己力所能及的职业，并使所选择的职业有利于自身潜能的发挥和事业的发展。同时还要准确把握能力、经历与学历三者之间的契合度。能力、学历、经历这三者在职业的发展道路上是相辅相成不可分割的。学历常被人们视为进入职场的敲门砖，没有一个合适的学历，个人能力也就不会被他人所发现。而没有足够的能力和相应的工作经历，即使有再高的学历最终仍逃不掉被社会淘汰的命运。因此，必须在能力、经历与学历之间找到一个最好的结合点，避免三者之间出现较大的偏差。若三者之间存在较大的差距，则所选择的职业含金量就会降低。因此，掌握好职业经历、能力与学历之间的契合度是择业成功的关键。

（二）了解市场需求，顺应当前社会发展的潮流

随着改革开放的深入发展，社会对人才的需求在不断地发生变化，就业的行业、地域、职位等时尚热点也在随之不断变化。根据用人单位对人才的不同需求，不同层次的大学毕业生应根据自己的实际情况，选定自己的择业方向。那些竞争力强、综合素质较高、适应性较广、心态良好、勇于开拓进取的毕业生可以到高效益行业、发达地区、热门职位去应聘；那些具有一定的专业知识和技能、适应性不强、综合素质一般的毕业生则要相对降低期望值，克服行业偏见，选择自己能胜任的工作脚踏实地谋求发展。总之，毕业生究竟走哪条路与用人单位的不同需求和毕业生自身的特点息息相关。

（三）突破传统择业观念

长期以来，专业对口、学以致用是求职就业中的重要原则，但随着市场经济的不断发展，社会上出现了许多新行业和多学科交叉行业，从而迫切需要大批复合型人才。而随着知识经济时代的到来，又需要人们终身学习，不断更新知识结构，即使大学毕业后也还要继续学习，否则就不能适应时代的发展和社会的需求。因此，在校高职学生不能仅限于专业学习，即应在学好专业知识的基础上，辅修其他专业的知识。在求职就业时不能一味要求所学专业与从事工作完全对口，不要求一职定终身，而应自觉扩大自己的就业范围，在考虑自己专业特长的同时，将自己的适应能力和继续学习的因素都考虑进去。

二、确立合理的就业期望值

高职学生在就业过程中希望谋得一个理想的职业是可以理解的，但要希望变成现实，就必须认清形势，确立合理的就业期望值。当前，高职学生就业形势非常严峻，就业市场化、自主择业不仅给高职学生带来了机遇与实惠，也带来了挑

战。许多高职学生对"市场"残酷的一面认识不足,对就业市场的客观实际了解不够,就业期望值偏高的现象普遍存在,影响了就业的成功率。因此,高职学生要顺利就业就必须根据自己的实际情况和就业形势,调整自己的就业期望值。具体来说,高职学生需要认真考虑所学的专业和方向,了解社会对该专业的需求情况,需要根据自己的职业兴趣、专业特长、实际能力、性格特点、家庭情况等去调整职业的期望值。但是,需要指出的是,调整就业期望值并不意味着对单位没有选择,只要有地方就去,而是在职业生涯规划和职业发展观念的基础上重新确定自己的人生轨迹。

三、树立合理的职业价值观

人们之所以会有消极的情绪、不合理的行为,主要是因为人们有许多不合理的观念。高职学生在职业选择和就业过程中遇到的各种心理问题通常也是由非理性的观念引起的。因此,高职学生想要顺利就业,就必须改变不合理的观念,发展更合理的新观念。具体来说,高职学生在职业选择和就业过程中应从以下几方面入手,树立合理的职业价值观。

(一)选择适合自己的职业

对于好工作的认识,不同的人有不同的看法,有人认为好工作是稳定的工作,也有人认为好工作是收入高的工作。而实际上,适合自己的就是好工作。一个人只有在合适的位置上,才能将自己的才能充分发挥出来。高职学生在进行职业选择和就业时,首先要考虑是否有利于自己的发展和潜能的发挥,而不是高层机关,不是最大的企业,也不是收入最高的地方。

(二)选择符合社会需要的职业

高职学生求职就业是一个与社会互动的过程,受到社会需求的制约。目前,高职学生的就业政策是双向选择、自主择业,但自主择业是相对的,受到各种条件的限制。高职学生想要顺利就业,就必须符合社会的现实需要,而不能单凭毕业生的自我设计。

（三）开拓进取，勇于创业

高职学生创业是我国教育发展的新趋势，也是知识经济社会的新要求。高职学生创业是值得鼓励的，而且高职学生要有开拓自己事业的信心和勇气，要有准确的观念与思路，要对自己有一个合理的规划与定位，要与具有市场经验的人士进行合作，并要进行科学化、职业化的管理。

四、提高就业心理素质

提高就业心理素质，具体应从以下几点入手：

（一）接受心理健康教育，及时调节情绪状态

针对毕业生普遍表现出来的心理问题，高职院校应对学生做好心理健康教育，以疏导缓解他们的负性情绪，提升其综合素质；针对个别因就业压力过大引起的严重心理问题，要及时开展个体心理咨询，对其进行系统的指导。同时，心理健康机构还应为高职学生就业提供心理学的帮助，使他们正确地认识自我、发展自我，提高毕业生的职业成熟度和心理抗挫能力。

（二）要培养积极主动的就业意向

高职学生要想使自己跟上经济社会的发展形势，使自己有广泛的适应职业的能力，就要培养积极主动的就业意向，经常了解专业的发展趋势、信息、前景、培养目标及使用方向，不断汲取新的专业知识，不断修正就业意向。

（三）多参加社会实践活动

高职学生与社会的脱节会造成他们不清楚自身和社会需要的高素质人才之间

的差距，在校园内不能有针对性地锻炼培养自己。因此，应该积极在高职学生中开展社会实践活动，为他们接触社会、了解社会创造条件、提供舞台，使他们对国情、民情、社情有清晰的了解，从而发挥他们的主观能动性，缩小他们的认识与社会需求之间的差距，使他们在实践中提高自身的心理素质。

五、构建并完善职业所需要的知识结构

机遇只垂青有准备的人，一个人的知识结构如何，将决定他在求职择业时的自由度和取得职业岗位的层次。求职择业的准备不仅表现在毕业阶段，更重要的是学习阶段要努力构建并完善职业所需的知识结构。它包含两个方面：一是指根据未来将要从事的职业做相应的准备；二是指求职择业过程中本身所应有的知识技能准备。求职者应具有合理的知识结构，不存在一个固定的、普遍适用的模式，而是要求求职择业者根据本身的情况和将选择的工作方向去主动调适自己，缺什么补什么。

六、培养良好的职业理想与职业道德

职业理想是指人们在一定的世界观、人生观和价值观的指导下，对其未来所从事的职业及事业上获取成就的追求和向往。它是人们特有的对自己职业生活的规划，是以客观发展的可能性来展示明天的现实。它同奋斗目标相联系，是人们对未来美好现实的向往和追求。良好的职业理想应体现在两个方面：一是要能造福人类；二是要实现人与职业的合理匹配，因为人的生理、心理特点不同，适应的职业范围也不同。

职业道德是从事一定职业的人们在其特定的工作或劳动中的行为规范的总和。职业道德对于协调个人、集体与社会关系，规范职业行为，提高社会文明程度具有重要意义。社会主义职业道德的主要规范具有以下几点。

第一，忠于职业，热爱本职。

第二，对人民极端热忱，努力满足社会和人民的需要，树立"主人翁意识"

和"为人民服务的意识"。

第三，各业协作，同行相亲。

第四，刻苦钻研技术，对技术精益求精。

第五，努力实践，严格遵守职业规范。职业规范包括经济方面的、行政管理方面的、业务技术方面的，也包括道德等方面的行为规定，通常表现为必要的规章制度和程序等。

七、制订职业生涯规划

职业生涯规划是指个人在全面认识自己的兴趣、能力、爱好、职业前景等因素的基础上，为实现自己的职业目标而制订的计划和策略。高职学生通过制订职业生涯规划，可以更好地明确职业发展方向和目标，有助于提高就业竞争力，增加就业机会。制定职业生涯规划的具体步骤包括以下几方面：

（一）自我评估

高职学生要全面认识自己的兴趣、能力、爱好、价值观等因素，可以采用职业测评等方式进行。

（二）就业环境分析

高职学生要了解就业市场的形势、行业发展趋势、用人单位的要求等，从而更好地了解市场需求。

（三）职业目标设定

根据自我评估和就业环境分析的结果，高职学生可以制订明确的职业目标，包括职业生涯发展方向、职业等级、工作地点等。

（四）制订职业生涯策略

根据职业目标，高职学生可以制订具体的职业生涯策略，包括教育、培训、实践等方式，不断提升自己的能力和素质。

（五）实施和评估

制订职业生涯规划后，高职学生需要积极实施，定期进行评估和调整，根据职业环境和自身条件的变化，及时调整职业生涯策略。

八、做好择业前的具体准备工作

充分的准备是事情成功的前提，就业也是如此。高职学生在择业前应首先做好以下几方面的工作：

（一）广泛收集和把握求职就业信息

在大学毕业生求职就业的过程中，就业信息起着十分重要的作用。谁能及时获取信息，谁就掌握了求职择业的主动权；谁获取的就业信息量大，谁择业成功的机会就多。

在求职择业的过程中，社会上许多不法分子为了牟取暴利，设置一些陷阱和圈套。大学毕业生涉世不深，社会经验缺乏，辨别真伪信息的能力较弱。因此，在收集就业信息后，不要匆忙行动，要保持冷静的头脑和锐利的目光，警惕求职就业中的陷阱，谨防上当受骗。

（二）精心准备求职材料

大学毕业生要想尽快实现就业的愿望，就必须利用各种途径和方法来宣传自己，展示自己。让用人单位充分地了解自己，选择自己。而求职材料是大学毕业生自我推销的重要工具。求职材料主要包括：个人简历、求职信、推荐信。

（三）做好面试的准备

在择业过程中，用人单位常通过面试来决定是否录用应聘者。面试不仅能考核一个人的综合能力，还可以使招聘者通过观察，了解应聘者是否具备从事某种工作的能力。面试是高职学生择业的一个重要环节，应当予以充分重视。

九、自信乐观

高职学生在择业过程中遇到困难、挫折或委屈是常见的情况，面对这些情况，高职学生一定要自信乐观。

首先，要保持自信乐观的心态，相信自己已经做好了充分的准备。要相信自己的能力，同时也应该认识到择业是一个双向选择的过程，要尊重用人单位的决定。

其次，要面对现实，充满信心，保持良好的心态。要认识到自己的表现、学习成绩已成定局，但是自己的能力和潜力则是无限的。应该把心思放在如何发挥自己的优势、如何展示自己的能力上，要积极寻找机会，争取得到用人单位的认可。

同时，要力戒自傲、虚荣的心理，摒弃嫉妒、攀比的做法，克服依赖、自卑的情绪，大胆接受社会挑战。要避免盲目跟从别人的选择，也不要过分追求名利和地位。要明确自己的职业规划和职业目标，选择适合自己的职业方向。

如果遇到了就业挫折，要重新认识自我、认识社会，并主动调整自我适应社会的过程。要认真分析自己的优势和不足，改进自身的短板，同时也要了解用人单位的需求和市场的变化趋势，做出相应的调整和适应。

最后，要重视自己的兴趣和爱好，同时也要考虑职业的前景和发展空间。选择一份适合自己的职业不仅需要考虑自身的条件和需求，同时也需要关注行业的发展趋势和变化。只有在不断调整和适应中，才能够实现自我价值的最大化，走向成功的职业生涯。

十、完善人格

人格缺陷会在个人的择业过程中带来一些问题,同时也可能在生活的其他方面产生负面影响。因此,努力完善自己的人格是相当重要的。

在择业过程中,一些常见的人格缺陷可能会导致心理问题,例如过度依赖他人、自傲、自卑、缺乏耐心、缺乏自律性等。这些问题可能会影响个人的职业规划和决策能力,使人难以适应职业发展的变化和挑战。为了解决这些问题,高职学生可以采取以下措施:

(一)学习心理学知识

阅读相关的心理学的书籍、参加心理学课程等,了解自己和他人的人格特质,提高自己的人际交往能力和自我认知能力。

(二)自我反思

认真思考自己在择业过程中的行为和想法,不断完善自己的人格,从而更有利于自己的职业发展。

(三)积极寻求帮助

向身边的亲朋好友、同学或者专业的心理咨询师寻求帮助,借助他人的视角和经验,更好地认识自己的不足,并得到针对性的建议和帮助。

(四)改变自己的态度和行为

根据自己的实际情况,制订合理的目标和计划,积极改变自己的不良心态和行为,逐步建立健康、积极的人格特质。

十一、正确对待挫折

在就业过程中,高职学生可能会遇到各种挫折和困难,例如求职失败、薪资待遇不满意、就业信息不足等。如何正确对待这些挫折,以及采取有效的应对措施,对于实现就业目标非常重要。具体来说,高职学生可以采取以下措施来正确对待挫折。

(一)分析原因

对于遇到的挫折和困难,高职学生应该认真分析原因,了解问题的症结所在,从而有针对性地采取应对措施。

(二)接受挫折

高职学生在就业过程中遇到挫折和困难是常见的现象,要学会接受这些挫折,不要轻易放弃,要坚定信心,保持积极向上的心态。

(三)制订对策

高职学生应该根据挫折的原因,制订相应的对策,例如提高自身能力、扩大求职渠道、加强求职技巧等。

(四)积极行动

高职学生应该采取积极的行动,不断努力学习和实践,积累经验和素质,增加自己的就业竞争力。

(五)调整心态

在面对挫折时,高职学生要及时调整心态,树立正确的就业观念和心态,不要过分悲观和失落,要坚信自己的能力和未来的发展前景。

十二、懂得分析，学会选择

认同感、自豪感和使命感是人们成就动机中的三种重要情感，它们都可以通过人们的价值观来实现。当你的职业选择符合自己的价值观时，就意味着你对自己的人生和事业有着清晰的认识和规划，知道自己要走的路和要达成的目标，因此会更容易获得认同感、自豪感和使命感。这些情感的激发将有助于人们在事业中保持热情和毅力，从而更容易取得成功。

此外，价值观还可以影响人们的人际关系和工作态度。如果一个人选择符合自己价值观的职业，他会更容易对这个职业产生兴趣和热情，从而更容易与同事、上司和客户建立良好的关系。同时，由于对自己的职业有着清晰的认识和规划，他会更愿意学习和成长，更有可能在事业中取得成功。

因此，选择符合自己价值观的职业是非常重要的。当你在择业时，除了考虑自身的优势和不足外，还应该深入思考自己的价值观，看看是否与所选择的职业相符。如果不相符，即使这个职业看起来再好，也不一定是最好的选择。只有选择符合自己价值观的职业，才能更好地实现自己的梦想和目标，从而在事业中获得更大的成功。

十三、调整择业心态

高职学生在择业时，要积极调整自己的择业心态，避免因过度担心而出现就业心理障碍。一般来说，高职学生可以通过以下几种方式来调整自己的择业心态。

（一）合理宣泄法

高职学生在择业中如果出现焦虑、忧郁等消极情绪状态时，不能一味地把不良心情藏在心底，而应进行适当的宣泄。高职学生可以向朋友、老师倾诉，寻求他们的安慰与支持。不过，要注意的是，在宣泄自己的不良情绪时，一定要避免影响甚至是伤害到他人，把握好宣泄的度。

（二）情绪转移法

人很容易被情绪控制，却不容易控制情绪，这是正常的。如果高职学生在遭遇情绪困境的时候感觉自己很难控制情绪，就可以通过情绪转移法，将自己的情感和关注点转移到其他活动中，如听音乐、参与社交活动、体育锻炼等，从而放松心情，排解不良情绪。

（三）自我激励法

高职学生在择业面试中常常出现胆怯、信心不足等现象，可以通过积极的自我暗示、自我激励进行调节，增强自信心。

总之，高职毕业生择业是人生的一次重要抉择。在这紧要关头，毕业生要走出各种心理误区，保持良好的心态，并有充分的心理准备。心理准备的过程可以是整个大学期间。因此，作为一名高职学生，想在择业时具有良好的心理素质，就必须依赖于平时的训练，具备分析失败的原因和发现问题的能力，学会选择。

参 考 文 献

[1]解方文.高校教育创新及其管理体系的建设[M].北京：经济管理出版社，2020.

[2]丁兵.当代高校教育管理研究[M].西安：西北工业大学出版社，2019.

[3]侯瑞刚.新时代高校学生管理工作创新研究[M].北京：中国水利水电出版社，2019.

[4]李慧.守护心灵：高职学生心理健康问题探析[M].北京：中国书籍出版社，2019.

[5]教育部思想政治工作司.大学生管理研究[M].北京：高等教育出版社，2012.

[6]莫春梅.服务与发展理念下的高校学生管理研究[M].北京：中国原子能出版社，2019.

[7]王洪龄.高职院校素质教育教程[M].济南：山东科学技术出版社，2008.

[8]范朝霞，毛婷婷.新时期大学生心理健康问题与对策探究[M].北京：中国书籍出版社，2017.

[9]梁利苹，徐颖，刘洪均.大学生心理健康教育[M].北京：清华大学出版社，2018.

[10]王玉杰.大学生心理健康[M].北京：北京工业大学出版社，2018.

[11]臧平，张金明，矫宇，等.大学生心理健康教育[M].北京：高等教育出版社，2012.

[12]张金明，蒲文慧，陆时莉，等.大学生心理健康教育[M].北京：北京邮电大学出版社，2011.

[13]张海婷.高职大学生心理健康教育[M].北京：北京理工大学出版社，2020.

[14]李艳.大学生心理健康教育[M].北京：北京邮电大学出版社，2017.

[15]张金明，蒲文慧.大学生心理健康教育教程[M].北京：北京邮电大学出版社，2015.

[16]辛勇.大学生心理健康教育[M].北京：科学出版社，2018.

[17]韩克文，马晓风.心理健康教育[M].重庆：西南师范大学出版社，2016.

[18]张冬梅，谷丹.大学生心理健康教育[M].北京：北京邮电大学出版社，2018.

[19]刘建锋，石静.大学生心理健康教育[M].上海：上海交通大学出版社，2016.

[20]魏双锋，孙俊芳.大学生心理健康教育[M].成都：电子科技大学出版社，2017.

[21]陈昊.大学生心理健康教育[M].上海：上海交通大学出版社，2016.

[22]栾贻福，郑立勇，周晶，等.大学生心理健康教育[M].广州：华南理工大学出版社，2018.

[23]朱卫嘉.大学生心理素质培养与训练[M].成都：西南交通大学出版社，2002.

[24]李婷婷.积极心理学视角下的大学生心理问题探析[M].北京：中国书籍出版社，2020.

[25]齐斯文，贺一明，吴迪.大学生心理健康[M].长春：吉林出版集团股份有限公司，2018.

[26]王艳.高等教育管理与大学生心理健康教育[M].成都：电子科技大学出版社，2017.

[27]单慧娟，廖财国，李爽.大学生心理健康教育[M].镇江：江苏大学出版社，2017.

[28]黄爱明，梁利苹.高职大学生心理素质教育与训练[M].北京：北京大学出版社，2011.

[29]邵政，郭兆良，王涛济，等.大学生心理健康教育[M].南京：南京大学出版社，2016.

[30]李广平，葛剑，喻玉兰.大学生心理健康教育[M].南昌：江西科学技术出版社，2018.